JN111652

君の真の言葉と行動こそが
困難を生き抜くチームをつくる

WHO YOU ARE

ベン・ホロウィッツ 著
ヘンリー・ルイス・ゲイツ・ジュニア 序文
辻庸介 日本語版序文
浅枝大志・関美和 訳

WHAT YOU DO IS WHO YOU ARE
HOW TO CREATE YOUR BUSINESS CULTURE

日経BP

罪を犯して刑務所に入っても、
今は前向きに何かに取り組んでいるすべての人たちへ。
みなさんが何をしているかを私は知っている。
みなさんがどんな人間かも私は知っている。

本書の売上金のうち私の印税はすべて出所者と
ハイチの人々への支援活動に寄付をする。
出所者が生活を変えふたたび犯罪に手を染めないよう、
そしてハイチの人々が社会を再建し
過去の栄光を取り戻すよう、心から願っている。

WHAT YOU DO IS WHO YOU ARE
Copyright© Ben Horowitz 2019
Japanese translation rights arranged with
CURTIS BROWN Ltd.(U.K.)
through Japan UNI Agency, Inc., Tokyo

日本語版序文

辻　庸介

会社を創業してから僕らはずっと、つかみどころがなく、空気のように見えないものと格闘してきた。それが、チームの文化だ。

起業した当時から、いいチームをつくるには、なによりもいい文化が必要だとはわかっていた。いいプロダクトをつくろうとしても、土台となるチームの文化が揺らいでいたら、すぐにほころびが出る。しかし、どうやったらいい文化がつくれるのか、まったくわからない。大成功している会社のミッションやバリューを眺めてみても、そのまま僕らに当てはまるとは思えない。

わかっていたのは、文化は、ルールじゃないということだ。文化は、「これをしてはいけない」「これはしろ」と事細かに書いて社員を縛るものではない。みんなが前提として持っている共通意識であり、つくるのも共有するのも、本当に難しいものだ。だから文化についての本や話は、特定の会社の具体例を集めたものか、あるいはぼんやりした一般論が多くなる。自分たちの文化をつくるにはどうすればいいか、手探りで考えざるを得ず、時にはチーム内で軋轢を生みながら、僕らオリジナルの文化をつくってきた。

苦労して文化をつくってきた僕にとって、本書は驚きだった。何年もかけて試行錯誤しながら取り組んできた文化のつくり方が、これほど見事に方法論として言語化されているのだから。それも深く明快に解説している。

さらに、書いているのは『HARD THINGS《ハードシングス》』で自分自身のあらゆる困難の体験を赤裸々に記したベン・ホロウィッツだ。前作の『HARD THINGS』が体験の書であるのに対して、本書『WHO YOU ARE』は彼が長年取り組んできた文化構築のノウハウを自分の体験とシリコンバレーの有名企業の名だたる経営者から聞き出した話と、さらには歴史から学んだ情報を集め、共通点を整理して体系化した本である。

2冊に共通するのは、ホロウィッツの愛があふれる正直な本であるということ。「この本を読めばうまくいく」といった無責任なことは決して書かない。HARD THINGSでは、「困難を乗り切る一般的なマニュアルなんてない」と断言していたが、本書でも「完璧な文化なんて手に入らない」と言い切る。いい文化をつくり、いかにみんなに浸透させようかと日々考えている僕は正直、絶望的な気持ちになった。しかしよく考えれば、現実はそういうものだ。「私たちの目標は完璧な文化を目指すことではない。うまくやることだ」とホロウィッツに励まされると、現実と折り合いをつけながら高みを目指す力をもらえる。

今も昔も人間が文化をつくる

本書で取り上げている企業文化の達人たちは独特だ。ハイチ革命を指揮したトゥーサン・ルーベルチュール、日本の侍、モンゴル帝国を築いたチンギス・ハン、アメリカの刑務所で文化を築いた元囚人のシャカ・サンゴールといった人たちに焦点をあてている。シリコンバレーの起業家であり投資家であるホロウィッツが、なぜ歴史上の人物や元囚人で文化を語るのか不思議に思える。しかし、読み進めるうちに、彼らから得られるものがとてつもなく大きいことに気づかされた。

たとえば一代でモンゴル帝国を築いたチンギス・ハン。チンギス・ハンが統治したモンゴル帝国は最盛期には、現在のトルコから朝鮮半島まで広大な地域を支配した。部族も思考も異なる人たちをまとめ上げ、文化をつくり、統治するのは最高に難しい。殺人で懲役刑を受け、刑務所に入っていたシャカ・サンゴールは、刑務所内の囚人たちを率いていた。サンゴールのチームのメンバーは全員犯罪者であり、犯罪に至った経緯は千差万別。多種多様な人たちを率いた秘訣は、我々のような現代のチームや企業にも非常に参考になる。

組織は人間が集まったもので、人から文化が生まれる。その人間は、今も昔もそうそう変わらない。過去に機能したやり方は、現代のチーム、スタートアップ、大企業でも機能する。ホロウィッツが選んだ人物たちが、生きるか死ぬかという厳しい環境で身を削りながら築いた文化から、学べることは圧倒的に多いのだ。

さらに、僕らが日々経験しているようなことも登場する。第9章に書かれている「反対してコミットする」という話もそうだ。プロジェクトの中止が決まったときに、「正直言えば私もみんなと同じ気持ちだが、上に逆らえなかった」と説明するマネジャーの話があり、これは文化を傷つけるやってはいけない行動だと書かれている。僕らの会社でも、「CEOの辻さんが言っていたから、やってくれ」と部下に言うマネジャーを注意したことがあった。これを許していたら、チームの文化は崩れてしまう。僕は意思決定の過程をなるべく共有するようにしているが、本書にも「意思決定の過程では必要があれば反対し、決定したあとはコミットする」文化の大切さを説いている。

「自分は何者なのか」という本質的な問いから始まる

そして本書の本質的で最重要なメッセージは、タイトルにもある『WHO YOU ARE』（あなたは何者なのか）ということだ。会社の文化は、リーダーはもちろん、そこに所属する人たちの「自分は何者なのか」「どんな人になりたいか」という思いに沿っていなければうまく回らない。

たとえば僕が起業したマネーフォワードでは、創業当初に「Work Hard そして、家族を幸せに」「勝ちきれ。やりきれ。ベンチャーは、成長がすべて」といった10の行動指針を決めた。ところが創業から3年経ち、リーダー合宿でこのままの行動指針では社員に浸透させにくいといった意見が増えた。そこで有志が、会社のカルチャーや理念をつくった。ところがそこで出来上がったものを見ても、僕ら経営陣はまったく腹落ちできなかった。自分で考えてつくったわけではないから、当たり前だ。そこで、6人の共同創業者ひとりずつに有志が「自分は何者になりたいのか」「何を大事にしたいのか」を聞き取り、本人たちも改めて考え、カルチャーとすり合わせることにした。そうしてできたのが、「Speed」「Pride」「Teamwork」「Respect」「Fun」という5つのカルチャーだ。経営陣も現場の社員も、合宿や研修で自分自身を見つめ直して話し合い、カルチャーと付き合わせることによって、マネーフォワードの文化が生き生きとしたものになった。

文化は人まねではつくれないし、チームで唱えるだけでは浸透できない。ホロウィッツは『HARD THINGS』の最後で、「自分の独特の性格を愛せ。直感を愛せ。成功の鍵はそこにしかない」と書いた。結局、チームや組織を動かすのは、リーダーが何者なのか、そしてどう行動するかにかかっている。新しいことに挑戦する人、社会をよくしたいと考える人、何かを変えたい人、みんなが自分が何者かを考え、文化をつくり、仲間とともに手助けに本書はなるだろう。

序文

ヘンリー・ルイス・ゲイツ・ジュニア

アフリカ系アメリカ人のバイブルとも言われ、ハーレム・ルネサンス運動を広めるきっかけになった『ザ・ニュー・ニグロ』の中で、歴史家であり作家であり活動家でもあったアルチューロ・アルフォンソ・ショーンバーグはこう主張していた。「ニグロは歴史を持たなかった。それは、ニグロが価値ある文化を持たない人種だと考えられたからである」プエルトリコ出身のショーンバーグは、白人社会の中に埋もれていた黒人文化の復興を主張した。さらに、アメリカ史における最も偉大な文学、芸術、珍しい工芸品などを大量に収集し、黒人文化を社会の中心に置いた。のちに彼は、ニューヨーク公共図書館の目玉部門となるショーンバーグ黒人文化研究センターの設立に寄与している。この施設はハーレムの中心であるマルコムX通り515丁目にあり、黒人文化の教育と啓発の聖地となっている。

それからおよそ1世紀後、現代のビジョナリーでありシリコンバレーの起業家のベン・ホロウィッツが、知の巨人ショーンバーグに匹敵する知的基盤をもとに、ビジネスとリーダーシップと文化が交わる学際的なトピックを見事に一冊の本として書き上げた。この本のどのページにも、教訓に次ぐ教訓がある。この本は巷《ちまた》に氾濫しているようなビジネス書ではない。成功事例を使って明るく楽しく協力的な企業文化を育むことの重要性を解説した本ではないのだ。ホロウィッツは独自のイノベーションの定義を求めて、大企業の役員室や巨大テクノロジー企業の流行りの職場慣行から遠く離れた、現在と過去と大昔の人種の違うリーダーたちの物語に目を向けた。

この本で取り上げたのは、18世紀末から19世紀初頭に西欧の歴史上唯一成功した奴隷の反乱であるハイチ革命を指揮したトゥーサン・ルーベルチュール、価値観より行動規範に重きを置く武士道をつくった日本の侍、征服した部族から最も優秀な人材を取り込むことで史上最強の帝国を築いた究極のアウトサイダーであるチンギス・ハンといったリーダーである。そしてもうひとり、最も心を動かされるのが、ジェームズ・ホワイト、通称シャカ・サンゴールだ。シャカ・サンゴールは、殺人の罪でミシガン刑務所に入り、メラニックスというギャング団のリーダーになったあと、出所後のコミュニティ再建を目指して文化改革に務めた人物だ。

こうしたダイナミックな人物を本書の主人公にしたところに、テクノロジー業界で最も哲学に精通したイノベーターとしてのホロウィッツの本領が発揮されている。ホロウィッツは、創造とは優れたアイデアを実行することではなく、特異で過激で逆張りどころか最悪と思われるようなアイデアを追いかけることだと考える。本書でホロウィッツは、彼の経験から生まれた視点を通して読者にこう訴えかけている。最も強固で長続きする企業文化は、言葉ではなく行動に基づく。企業文化はリーダーの人柄と戦略に合ったものでなければならない。それは、べテラン社員が感じるものではなく、新入社員が初日に感じ取る、この職場で成功するために必要な要素だ。それは外部の才能と視点を受け入れることだ。他社とは違う、意義のある明快な倫理と原則に基づく規範へのコミットメントだ。そして社員がどうしても「なぜ」と聞きたくなるような「ショッキングなルール」を大胆に定めることだ。

ホロウィッツ自身が「なぜ」への解を求めて行き着いたのは、よくある世界最大の勝ち組企業の事例ではなく、歴史の脇役であるリーダーたちの物語だった。ホロウィッツは彼らの物語の中に文化をデザインするために欠かせない教訓と洞察を見出した。

この本のすべてのページに、章の冒頭に引用したヒップホップ界の伝説的人物の歌詞も含めて、『Ｗｈｏ Ｙｏｕ Ａｒｅ』という実践的な哲学が反映されている。

この本は、もちろん心踊る楽しい本でもある。現代に通用するルーベルチュールやサンゴールの教えが生き生きと描かれているし、ラウドクラウドの元ＣＥＯ（最高経営責任者）でありアンドリーセン・ホロウィッツの共同創業者であり、今日の最も才能あるリーダーのひとりであるホロウィッツ自身の企業と現代ビジネスと政治への教えも描かれている。ホロウィッツはこの本でアフリカ系アメリカ人の伝統である「シグニファイイング」という手法を取り入れ、ストリートランゲージを使うことで黒人文化への敬意を示し、読者に独自の教訓を強く印象づけている。

また本書は、人種差別が法律で認められていた時代のアメリカを生きたアルチューロ・ショーンバーグのような知識人が人生を捧げて追求した、「ベールの向こうにある」本当に普遍的な新しい文化に敬意と賛同を示している。歴史の片隅に置かれた文化の創造者たちとその知恵にスポットライトを当て、ホロウィッツはこの一冊の本を通して、「私たちは何をするか」を再定義し、それによって「私たちは何者か」を考え直す機会を与えてくれるのである。

目次

日本語版序文　辻 庸介……1

序文　ヘンリー・ルイス・ゲイツ・ジュニア……6

イントロダクション　行動こそが君という人間だ……15

企業文化は世界に大きな影響を与える／企業文化を機能させるために必要なこと／この本の読み方

第1章　文化と革命　トゥーサン・ルーベルチュールの物語……37

トゥーサン・ルーベルチュールとはどのような人物だったのか／立ち上がったルーベルチュール／どのように奴隷文化を解体したか／ルーベルチュールの文化遺産／自由の文化

第2章　ルーベルチュールのテクニックを使う …… 67
うまくいっていることを続ける／ショッキングなルールをつくる／服装を整える／外部からリーダーシップを取り入れる――なんだクソ野郎！／何が最優先かを行動で示す／言行を一致させる／倫理観をはっきりと打ち出す

第3章　武士道 …… 117
侍にとって文化はどんな意味を持っていたか／死の大切さ／武士の心得／私たちがやったこと――起業家を尊敬する／文化をいつまでも維持する／物語を伝える

第4章　もうひとつの武士道　シャカ・サンゴールの物語 …… 137
刑務所文化に順応する／刑務所のボスざるになる／ターニングポイント――意図しない結末／組織文化と自分自身を変える／シャカ・サンゴールの今

第5章 サンゴールのテクニックを使う……161
文化は人を変える／掟に生きる／組織文化はすべてに波及する／掟を盾に取るとき／組織文化を変えるために自分を変えなければならないとき／いつも共に過ごすことで文化を変える

第6章 チンギス・ハン 多様性の達人……175
文化が軍事戦略に与えた影響／実力主義／忠誠心／多様性

第7章 現代社会の多様性……193
貧困地区からCEOへ／今どきの忠誠心と実力主義／多様性の達人になる

第8章 自分らしい文化をデザインする……219
自分らしく／とはいえ、どこを直したらいいかを知ろう／自分らしさを文化に組み入れる／文化と戦略、どちらが強い？／サブカルチャー／社員の条件／強い文化の共通要素／文化の

特性を生かす

第9章 境界事例と見せしめ …… 243
顧客第一主義が業績不振につながるとき／自分自身のルールを壊す／企業文化が取締役会と衝突するとき／文化がぐちゃぐちゃになっている兆候／見せしめ／文化の破壊者にどう対応するか／意思決定の文化

第10章 まとめ …… 279
信頼／忠誠心／文化のチェックリスト

謝辞 …… 295
訳者あとがき …… 303
参考文献 …… 310

イントロダクション

行動こそが
君という人間だ

一度失敗している者のほうがその失敗を悔い改め、以降は身を慎み、仕事に励む。一度も失敗したことのない者は使いものにならない。

——葉隠

WHAT YOU DO IS WHO YOU ARE

私が生まれてはじめて立ち上げた会社が、ラウドクラウドだ。起業したときには、CEO（最高経営責任者）や業界の大物にアドバイスを乞いにいった。みんなが異口同音に教えてくれたことがある。

「企業文化に気をつけろ。なによりも文化が重要だ」

だが、業界の大物たちに「企業文化って具体的には何のことですか？どうやってつくればいいんですか？」と聞いてみると、どうもあやふやな答えしか返ってこない。その答えを見つけるのに、それから18年も費やすことになってしまった。企業文化とは、職場に犬を連れてきていいとか、休憩室でヨガができるってことなのか？いや、違うはずだ。そんなのはただの福利厚生だろう。企業の理念のこと？いや、企業理念とは単なる志《こころざし》に過ぎない。では、経営者の性格と志向のことだろうか？もちろんそれが企業文化の土台にはなるだろうが、企業文化そのものではない。

ラウドクラウドを経営していた頃は、私自身の価値観や振る舞いや性格をそのまま反映した価値感がすなわち企業文化だと思い込んでいた。だから、「社員のお手本になる」ことに全力を注いでいた。だが、会社が大きくなり多角化してくると、私のやり方は会社の成長に追いつかなくなった。私は困り果て、少し恐ろしくもなった。そしてラウドクラウドの企業文化はさまざまに違った管理職がつくり出す異なる文化のつぎはぎというか、文化とも言えないような、ちぐはぐな何かの寄せ集めになってしまった。部下を怒鳴りつけて萎縮させてしまう管理職もいれば、部下にフィードバックを与えることもできない管理職もいた。メールさえ返さないような上司もいた。そんな、めちゃくちゃな状態だった。

とても優秀だと思っていた中間管理職がいた。ここでは、ソーストンとしておこう。彼はマーケティングの専門家で素晴らしく話が上手かった（マーケティングには必須のスキルだ）。だが、世間話をまた聞きしてはじめて知ったのだが、このソーストンは話が上手いどころではなく、とんでもないウソつきだったのだ。ショックだった。まもなくソーストンはクビにしたものの、これは彼だけの問題ではなかった。問題の根はもっと深いところにあったのだ。

問題は、ソーストンがまぎれもない大ウソつきだということに私が何年も気づかなかったということだ。その何年ものあいだに彼は昇進を重ねた。そのせいで、ラウドクラウドではウソをついても許されるという文化ができ上がってしまった。社員は目の前の手本を見て学んだのだ。もちろん「ウソをついてもいい」と許したわけでは決してない。でも、社員にはそんなことは関係ない。ソーストンが昇進したことで、ウソをついても大丈夫と見られたのだ。では、みんなにそうじゃないことを教えて、企業文化を正すにはどうすればいいのだろう？　私には見当もつかなかった。

もっと深く掘り下げてみないと、企業文化がどうつくられるのかを本当に理解することはできない。そこで、自問してみることにした。次の質問の中で、表向きの企業目標やミッションといったもので解決できるものは、いくつあるだろう？

■この電話は、今日折り返したほうがいいほど緊急なものなのか？　明日まで待っても大丈夫か？
■人事評価前に昇給を求めてもいいだろうか？
■この資料は外に出せる品質か？　それとももう少し手を入れたほうがいいのか？
■このミーティングに遅れてもいいのか？
■格安ホテルに泊まるべきか？　それとも超高級ホテルに泊まってもいいのか？
■この契約の交渉で、重要なのはどちらだろう？　価格か、それとも両社の提携関係か？
■同僚の間違いを指摘すべきか？　うまく行っている点を褒めるべきか？
■5時に帰宅していいか？　それとも8時まで会社にいるべきか？
■ライバル会社について、どのくらい必死に研究すればいいのだろう？
■新製品の色味の話し合いを5分で終えていいのか？　30時間かけたほうがいいのか？
■自分の会社の中で何かとてもまずいことを見つけたら、報告すべきだろうか？　誰に話したらいいのだろう？
■勝つことは倫理より大切なのか？

答えられる質問は、ゼロだ。

こうした質問に、「正しい答え」はないからだ。「正しい答え」は会社によって違う。その会社の今の姿、その行動、これからなりたい姿によって答えは変わってくる。つまるところ、社員がこれらの質問にどう答えるかが、その企業の文化なのだ。トップがいないところで人々がどんな判断をするかこそが、企業文化というものだ。社員が日々の問題解決に使う一連の前提が、企業文化だ。誰も見ていないときにどう行動するかが、企業文化なのだ。注意深く意識して組織文化をつくっていかなければ、その文化の3分の2はたまたまでき上がったもので、残りの3分の1は単なる失敗に終わる。

では、そうした人の目にあまり触れない振る舞いをどう設計し、形づくればいいのだろうか。その答えをシャカ・サンゴールに聞いてみた。1990年代から2000年代にかけて、ミシガン州の刑務所でギャングの集団を率いていたのが、サンゴールだ。ギャングたちの生死がこの集団の文化にかかっていることをサンゴールはわかっていた。「ややこしいんだ。たとえば、誰かが自分の子分の歯ブラシを盗んだとしよう。あんたならどうする?」サンゴールがそう聞く。

「大したことじゃないだろう。歯を磨きたかったから盗んだとか?」と私は答えた。

サンゴールは違うと言う。「たかが歯磨きのためにそんなリスクを取る奴なんていない。俺たちを試してるんだよ。そこで俺たちが放っといたら、次はもっと大事なものを盗んだり、ケツを狙ったり、殺したり、商売を乗っ取ってもいいと思い込む。かといってそいつを殺っちまったら、もう誰も俺たちを狙うこともなくなる。とはいえ、それじゃあいくらなんでも厳しすぎる」

サンゴールが手を広げる。「だから言っただろ。ややこしいって」

自分が理想とする企業文化を「これ」と特定することは、なかなかに難しい。会社がどこに向かおうとしているかだけでなく、そこにどう到達したらいいかも見つけ出さなければならないからだ。多くのスタートアップは、倹約第一でないとやっていけないので、出張で安ホテルを使うのは当然だ。でも、グーグルが年俸50万ドルの敏腕営業マンを引き止めたいなら、得意先の多国籍企業との大事な会合の前には超高級ホテルのフォーシーズンズでゆっくり休んでもらうほうがいいはずだ。

また、スタートアップでは働き詰めが当たり前だ。いつも時間との勝負だからだ。それでも、スラック社CEOのスチュワート・バターフィールドは、職場で集中して働けばかなり効率的にたくさんの仕事を終わらせられるとわかった。バターフィールドは早く家に帰るし、社員にも早く帰れと勧めている。

アップルの文化は、アマゾンでは絶対に通用しない。アップルでなにより優先されるのは、世界一美しいデザインを生み出すことだ。50億ドルもかけておしゃれな新本社ビルをつくったのも、デザインに対する彼らのこだわりをさらに強く打ち出すためだ。それとは対照的に、アマゾンのジェフ・ベゾスは「他社の利幅が大きなところに、自分たちの商売のタネがある」と言う。この主張をさらに強調するために、ベゾスはすべてに倹約を徹底し、社員には10ドルのデスクを使わせていた。どちらの文化もうまくいっている。アップルはアマゾンよりもはるかに美しいプロダクトを生み出し、アマゾンはアップルよりも圧倒的に安いプロダクトを提供している。

文化は社訓や社是のようなものではない。一度つくれば終わりというものではないのだ。「基準以下の行いを放置しておくと、それが新しい基準になる」と軍隊では言われる。企業文化も同じだ。文化に沿わない行いを見聞きしても対処しなければ、それが自分たちの新しい文化になる。ビジネス環境が変化し、戦略も変わっていく中で、企業文化も環境に合わせて変わり続けなければならない。目標は動くものなのだ。

企業文化は世界に大きな影響を与える

強力な文化があっても、そのプロダクトを誰も欲しがらなければ、会社はうまくいかない。すると、企業文化はプロダクトよりも優先度が低いように思われる。だが、じっくり見てみると、長い時間軸では、組織文化のおかげで一見乗り越えられそうもない構造的な障害を打ち破ることができたり、社会制度や業界全体の行動を一変させたりすることもできる。だから俯瞰して見れば、文化は社会全体の大きな推進力になる。

1970年代、ニューヨークのブロンクスの貧困地域で育った大勢の子供たちが、新しい文化をつくり出した。それがヒップホップだ。たったひと世代で、彼らは貧困や人種差別を克服し、音楽業界からの大反発を乗り越えて、世界で最も人気のある音楽ジャンルを確立した。生の声とハングリー精神から生まれた文化で、世界を変えたのが彼らだった。

彼らのハングリー精神は、ヒップホップのＤＪがダンスミュージックの構成要素をどこから拾ってくるかにもよく表れている。ダンスミュージックに欠かせない要素がブレイクビーツだ。ブレイクビーツとは、ダンスフロアで全員が一番盛り上がる部分だ。ビートの効いた間奏部分で、ドラムとベースの組み合わせか、ドラムだけの場合もある。みんながこれまで聞いたこともないような斬新なブレイクビーツを、無名のレコードから拾ってくることも多い。こうした無名のレコードは売り切れると、そのまま在庫が補充されないことも多い。その問題を解決したのも、ヒップホップの起業家文化だった。テレビではじめてラップビデオを放送し、「シャウトアウト」という言葉をつくり出したラルフ・マクダニエルズは、こう教えてくれた。

レニー・ロバーツって奴はそういったレコードを仕入れて、レコード屋に回してたんだ。奴は何が売れるかを確実に掴んでた。ブロンクス出身のレニーは、ブロンクスでブレークしたレコードなら売れるってわかってたからな。ブレイクビーツを超大物ＤＪのアフリカ・バンバータやグランドマスター・フラッシュなんかに売り込んで、使ってもらうんだ。フラッシュが使ったらほかのＤＪもみんな、「俺もあのレコード欲しい」ってなるだろ。するとそのレコードはあっという間に売り切れる。そこで、レニーがそのブレイクビーツだけを集めたレコードを自分でつくってた。ザ・ブレイクビーツボリューム1、ブレイクビーツボリューム2なんてレコードを勝手につくるんだ。もちろん、レニーには権利なんてないさ。でも、誰もそんなことを気にしちゃいないからな。

私がいつもヒップホップの例をたくさん引用するのはどうしてかとよく聞かれる。理由のひとつは、私自身がラッパーになりたかったのになれなかったことが、いまだに心残りだからだ。これは本当の話。だがもうひとつは、起業やビジネスや文化についての私のアイデアのほとんどは、ヒップホップを聴いている最中に思いつくからだ。だから、私が今あるのはヒップホップのおかげだということをみんなに知らせたいという気持ちから、つい引用が多くなってしまうのかもしれない。たとえばエリック・ビー・アンド・ラキムの『フォロー・ザ・リーダー』やラン－DMCの『キング・オブ・ロック』といった初期のヒップホップの楽曲は、私が起業家として行っていたことと重なっていた。私の仕事の文化は、彼らの文化と同じだったのだ。

ヒップホップをビジネスとして成功に導いたのは、そのハングリー精神だ。一方でファンを引き寄せたのは、ヒップホップの生々しさだった。偉大なるラッパーのナズは、彼の子供時代について私にこう語ってくれた。

俺は、ヒップホップの生々しさに惹きつけられた。この世の中は、完璧な場所ってことになってるだろ。テレビドラマの『ゆかいなブレイディー家』みたいに、みんな仲良しってわけだ。でも本当の世界はどっちかっていうと『ちびっこギャング』みたいなもんだ。ラップは本当の世界を語ってる。犯罪や貧困や腐敗した警察をね。セクシー系とか、ゴスペル系とか、ファンク系とか、ヒッピー系の音楽から飾りを取り除いたのが、ラップなんだ。ラップは濁りをすべて取っ払って生のものを見せてくれる。究極の正直な音楽なんだ。

ブロンクスから遠く離れたアメリカ大陸の反対側にあるカリフォルニアでは、エンジニアの集団が一連の文化革命を起こしていた。彼らのイノベーションがその後、ほぼすべての企業経営のやり方を変えることになる。1960年代、集積回路、いわゆるマイクロチップを発明したロバート・ノイスは、フェアチャイルドカメラ・アンド・インスツルメンツのいち事業部門である、フェアチャイルド・セミコンダクターを経営していた。

ニューヨーク市に本社のあるフェアチャイルドカメラは、アメリカ東海岸流の作法で事業を経営していた。当時のアメリカの大企業はみんな、同じようなやり方だった。フェアチャイルドのオーナーのシャーマン・フェアチャイルドは、マンハッタンの瀟洒《しょうしゃ》なタウンハウスに住んでいた。役員には車と運転手が付き、専用の駐車場もあった。1983年にトム・ウルフはそんなエグゼクティブの姿をエスクァイア誌で記事にした。「ロバート・ノイスの経営イノベーション」という記事の中で、「東海岸の大企業は、自分でも気づかずに経営に封建制度を持ち込んだ。そこには王と君主が存在し、船と兵士と従者と奴隷がいる」

ノイスはそんな会社のやり方に納得がいかなかった。プロダクトを開発し、事業を成長させているのは、従者のほう、つまりエンジニアたちだったのだから。というわけで、フェアチャイルド・セミコンダクターの働き方は違っていた。全員が8時までに出社することとし、早く出社した人から誰でも自分の好きな駐車スペースに車を停めていいことにした。仕事場はサンノゼの倉庫で、みんなが仕切りのあるオープンスペースで一緒に仕事をし、スーツを着る必要はなかった。

　ノイスはいわゆるプロ経営者を雇わなかった。「命令ではなく、コーチングこそ、今のリーダーに一番必要な資質だ。障害を取り除いて、部下の得意なことを存分にやらせるのが、リーダーの仕事だ」と言っていた。この姿勢から新たな文化が生まれた。権限委譲の文化だ。誰もが自分の仕事に責任を持ち、ノイスはそれをそばで助ける。研究者が何かいいアイデアを思いつけば、1年でもそのアイデアを追いかけることができるし、そのあいだは結果を求められることはない。

　ノイスがつくった独立の文化を味わった社員たちの中には、起業する人も出てきた。ここからレイセオン・セミコンダクター、シグネクティクス、ジェネラルマイクロエレクトロニクス、インターシル、アドバンスト・マイクロデバイス（AMD）そしてクオリダインといった会社が創業された。ノイスは思いがけず、シリコンバレーの文化をつくり出していたのだった。

　ノイス自身もまた、フェアチャイルドカメラのCEOの座を逃したあと、1968年にフェアチャイルド・セミコンダクターを辞めて新会社をはじめた。ノイスは同僚だったゴードン・ムーア、若き科学者のアンディ・グローブと共にインテルを創業し、黎明期のデータ－ストレージの分野を開拓していった。マイクロチップの容量は18カ月ごとに倍になり、値段は半分になるというムーアの法則を提唱したのが、ゴードン・ムーアだ。

　インテルを起業したノイスは、自身の平等主義を職場に存分に反映させた。全員が大部屋で仕事をし、机を仕切りで区切るだけにした。ノイス自身も、中古のスチール机を使っていた。

昼食はテイクアウトのサンドイッチと炭酸ドリンク。課長や係長といった役職は置かなかった。ノイスとムーアが事業部を監督してはいたが、事業部のリーダーはそれぞれ大きな権限を任されていた。会議では事業部のリーダーが議題を決める以外は全員平等な立場だった。

さらに重要なのは、ノイスがエンジニアとほとんどの事務職に大量のストックオプションを与えていたことだ。研究開発とプロダクト中心の企業では、エンジニア自身が名実ともに会社を所有すれば、オーナーのように行動するはずだとノイスは信じていた。

ウルフは記事にこう書いていた。「インテルでは、ノイスを含めたすべての社員が『インテル文化』の研修に参加するのが当たり前だった」新しく入ってくる社員にインテル文化を刷り込んでいたのが、アンディ・グローブだった（グローブはその後CEOとなり、文化の改革者として有名になる）。

グローブは、社員にこう問いかけた。「インテルのやり方をざっくりとまとめると、どんなものだと言える？」ある社員がこう答える。「インテルの社員は指示待ちをしません。自分でボールを持って、走るんです」するとグローブがこう返した。「違うな。インテルの社員はボールを掴み、空気を抜いて、畳んだボールをポケットに入れる。そして別のボールを掴み、それを持ってゴールに走り込んだら、そこで最初のボールをポケットから出して空気を入れる。そうやって、6点じゃなくて12点を獲得するんだ」

そんな雰囲気の中で、さまざまなアイデアが花開いた。シリコンバレーの何がすごいかというと、アイデアを大事に育てるということだ。既成概念を打ち破るようなアイデアの実現は、とても難しいとされている。その理由は2つある。まず、革新的なアイデアは成功よりも失敗の確率がはるかに高い。次に、革新的なアイデアはかならず反発を招くので、成功まで行き着かないということだ。もし誰もがすぐに理解できるアイデアなら、革新的とは言えない。

失敗があだになり、責任を厳しく追及されるような文化を思い浮かべてほしい。東洋ではよく見られる文化だが、重役は自身の立場を守ることに汲々《きゅうきゅう》とし、どんな犠牲を払っても失敗を避けたがる。では、9割がた失敗しそうだが、成功すれば1000倍の見返りがあるアイデアを思いついたとしよう。賭けとしてしてはこの上なく割のいいものであっても、失敗に罰を与えるような企業はそんなアイデアに絶対に資金を出さない。

はっきりとダメなアイデアとわかるものを排除する仕組みとしては、階層組織は役に立つ。アイデアが組織のトップに上がってくるまでには、ほかのさまざまなアイデアと比較され、その中で明らかにいいアイデアだけが残るからだ。それが当然だとあなたは思っているかもしれない。だが問題は、みんながいいと思うアイデアは真に革新的ではありえないということだ。本当に革新的なアイデアほど、最初はとんでもないと思われるものだ。ウエスタン・ユニオン社が、アレクサンダー・グラハム・ベルから電話の特許と技術を買うのを見送っていた話は有名だ。当時の電話は雑音だらけで聞き間違いが多く、長距離通話もできなかった。電報事業を営んでいたウエスタン・ユニオン社は、広域に対応した安定的な通信技術でなければ、カネにならないと思い込んでいたのだ。ウィキペディアもまた、はじめはとんだお笑いぐさだと思われていた。大勢の一般人の書き込みが、一流の学者たちの研究にとって代わるなど、考えられなかったのだ。だが今では、以前にあったどんな辞典よりも情報が網羅されていて、世間一般でも究極の百科事典と考えられている。

個人に権限を与え、革新的なアイデアを育むインテルの文化は、新たなより良い経営手法のさきがけになった。私のビジネスパートナーのマーク・アンドリーセンは、数年前に「ソフトウェアが世界を食い尽くす」というエッセイを書いている。アンドリーセンは、テクノロジーがテクノロジー業界を超えて浸透し、本屋からタクシーからホテルまで、あらゆる既存産業を侵食していることについて書いていた。既存企業は、ノイスが生み出した文化の側面を導入せざるをえなくなっている。さもなければ存続すら脅かされるような環境なのだ。たとえば、ゼネラルモーターズは自動運転車を開発するためにクルーズ・オートメーションを買収するにあたってストックオプションを導入した。ウォルマートはジェット・ドットコムを買収する際に同じような方法を取り入れた。

テクノロジーは一般消費者に広がったため、テクノロジー業界以外の多くの人たちが、テクノロジーを使った素晴らしいアイデアを思いつくようになった。だが、そんな人たちが起業して開発を外注しても、かならずといっていいほど失敗する。なぜだろう? 思いつきでアプリやウェブサイトをつくるのは簡単でも、スケールし、進化し、例外的な利用法を想定して処理できるようなプロダクトやサービスをつくるのはとても難しいからだ。すごく優秀なエンジニアが会社と共に成長していけるようなプロダクトづくりに時間と労力をつぎ込むとしたら、それは名実とともに会社の所有権を持っているときだけだ。ロバート・ノイスはこの仕組みを理解し、それを支える文化を築き、世界を変えることに成功した。

企業文化を機能させるために必要なこと

文化が組織に強い影響を与えることは明らかだ。では、どうやって文化を形づくり、それをどう人々の心に根づかせ、失敗したときにはどう修正したらいいのだろうか。

この問いから、より大きな疑問とより広い視点が生まれた。さまざまに異なる文脈の中で、文化はどう機能するのだろう？　組織文化を長続きさせるためには何が必要なのだろう？

私は昔から歴史に興味があった。特に、逆境に生まれつきながら意外な行動に出た人物に興味をそそられた。たとえば、奴隷として生まれ、その後ハイチの奴隷制度を廃止して奴隷を解放した人物が、その過程でみずからも奴隷を所有していたとは、思いもかけなかった。歴史的背景や文化が人々の考え方をどう形づくったかを理解することで、歴史上の人物が自分自身とその文化を変えるためにどんな努力が必要だったかが、私にもやっとわかりはじめた。私が望んだ組織文化をつくり出すカギは、ここにあるように思えた。

私は、この本で4人のお手本を選んだ。そのうちのひとりはまだ元気に生きている。私が探していたのは、理想とする文化の最終形というわけじゃない。お手本の中には、極めて暴力的な文化もあるし、問題のある文化もある。だが、彼らは自分の望む文化をつくることに大成功していた。このお手本たちを調べてみると、私の中に途方もなく大きな問いが湧き上がってきた。

■人類の歴史の中で奴隷革命の成功例がひとつしかないのはなぜだろう？　トゥーサン・ルーベルチュールは、ハイチでどのように奴隷文化を書き換えて、人々をひとつにまとめたのか？

■侍の行動規範である武士道が700年間も武士階級による支配を可能にし、近代日本の文化を形づくることができたのはどうしてなのか？　侍に力を与えた一連の行動規範とは、どのようなものなのか？　侍は武士の原則を「価値観（バリュー）」ではなく、「徳（バーチュー）」と呼んでいた。徳とは行いであり、価値観とは単なる信条だ。この本でも書いているように、行いにこそ影響力がある（ここからは、理想形を「行動規範」と呼び、ほとんどの企業が掲げている信条を「企業理念」と呼ぶことにする）。侍はどうやって行動を基に文化をつくったのだろう？

■チンギス・ハンは、どうやって世界最大の帝国を築き上げたのだろう？　彼はまったくのよそ者で、若い頃には自身の小さな遊牧部族に幽閉されていた人物だ。そのことで既存の階層をぶち壊したくなったのはわかる。だが、具体的にどうやって革新的で多様性のある実力制度をつくり上げることができたのだろう？　敵が立ちはだかる中で、拡大を続け国家を繁栄させられたのはどうしてだろう？

■殺人の罪で19年の懲役刑を受けてミシガンの刑務所に入ったシャカ・サンゴールが、どうやって所内いち結束の固いどう猛な集団をつくり上げたのか？　どのように、その集団をまったく別の姿につくり変えたのだろう？　彼を殺人者にしたのはどんな文化だったのか？　彼はどうやってその文化を支配するほどの人物になったのだろう？　はぐれ者の集団を、どのように絆の強いチームに仕立て上げたのか？　そして、彼自身の統治方法の欠陥にどう気づくことができたのだろう？　どうやって自分自身を変え、刑務所文化そのものを根本から変えることができたのだろう？

企業もまた、ギャングや軍隊や国家と同じで、その組織を構成する人間の日々のちょっとした行いの積み重ねで、栄えたり滅んだりする。だが、企業の成功の根っこにある要因が文化なのか、それ以外のものなのかを見極めるのは至難のわざだ。ほとんどのビジネス書では、企業文化を、より広い社会学的な視点で見ていない。しかも、すでに成功した企業を見て、うまくいった企業文化を分析しているだけだ。それでは因果関係がさかさまだ。企業文化がちぐはぐで弱い会社や、むしろ有害な文化のある会社でも、大成功している企業はたくさんある。人々が欲しがるプロダクトがあれば、悲惨な職場でもなんとかなる。少なくとも、短期間なら耐えられる。エンロンがいい例だ。

ここでは生存バイアス、つまり成功した企業だけに目を向けて、文化が偉大な企業を生んだと誤った結論を出すようなことは避けたい。だから説明が後づけにならないよう心がけた。むしろ、リーダーたちが強い文化をつくるために使ったテクニックに目を向け、その努力がどのように効果を上げたのかを紹介することにした。だから、この本の中には、唯一絶対の「完璧な文化」は描かれていない。文化を通してあなたの望みをかなえるテクニックをここに描いた。

この本の読み方

まずは、先ほど述べた4つの歴史上の事例を検証していこうと思う。それから、同じような文化のテクニックを使ったもっと最近の例を見ていこう。はじめの7章では、トゥーサン・ルーベルチュールやチンギス・ハンといったリーダーたちが組織文化というものをどう捉えていたかを考えていく。すべてが敵に見えるような厳しい極限の環境にあって、文化を大きく変えるために彼らがどんなツールを使ったのかを見ていこう。その中であなたがまねをしてみたい取り組みを考え、あなた自身とはまったく違う体験やものの見方が意外にも現状にピタリとはまることも知ってほしい。武士は、どのようにして異なる要素を組み合わせ、すっきりと統一された文化を形づくることができたのだろう？ 若くして刑務所に入り、その中の仕組みを会得しなければならなかったシャカ・サンゴールの体験と、あなたの会社に入りたての新入社員の体験は、どこが似通っているだろう？

「文化をつくる」ということは、誰も見ていない場面で、リーダーの望み通りに社員が行動できるということではない。組織文化はそれよりも複雑なものだ。社員はみんなそれぞれにまったく違う。国籍も、人種も、性別も、背景も、育った時代も違う。そして、それぞれが異なる文化の出発点を組織に持ち込んでいる。そうしたすべての社員が納得し、それなりに満足できる共通の規範をつくるのは、かなりの難問だ。

　まずは、社員のありのままの人となりを直視しなければ、あなたの望むような人間になってもらうことはできない。「こうしたらできますよ」と割り切った手順を教えられればいいのだが、残念ながらそんな方程式はない。だから、この本ではさまざまな視点から、この問いについて考えていこうと思う。そこで、各章では最近の事例も取り上げている。紹介した事例のほとんどは、企業に変革をもたらそうとした経営者たちとの会話から私が見出した教訓だ。たとえば、トゥーサン・ルーベルチュールが文化を変えるために使ったテクニックを、ネットフリックスのリード・ヘイスティングス、ウーバーのトラビス・カラニック、そしてヒラリー・クリントンがどんなふうに使っていたのか、あるいは使うべきだったかについて書いてみた。また、チンギス・ハンが掲げていた多様性を生かす組織という理想が、マクドナルド初のアフリカ系アメリカ人CEOのドン・トンプソンや、フロンティア・コミュニケーションを率いたマギー・ウィルデロッターの哲学と重なっていることも書いている。

　この本の後半では、まずあなた自身の性格とあなたの会社の戦略をどうやって理解したらいいかを説明しよう。また、そこで理解したことを使ってどう文化を構築し、成功につなげるかを話そうと思う。とはいえ、ほとんどの人は自身の文化的な価値観について隅々まではっきりと説明できるわけではない。では、どうすれば自分が何者か、自分のどの部分がその組織に合っているのか（合っていないのか）がわかるのだろう？付いていきたいと思われるようなリーダーになるには、どうすればいいのだろう？

次に、企業文化が矛盾を起こしてしまうような例外的なケースや、ビジネス上の優先事項と文化が衝突してしまうような事例を見ていこう。そして最後に、どんな組織文化にも共通する要素について話をし、気をつけるべき最も大事な原則を挙げておく。

文化とは、「こうすればみんなが自分の望み通りに行動する」といった魔法の法則ではない。それは、あなたが大多数の人たちにほぼいつも従ってほしいと望む行動の体系だ。「あの会社の文化は壊れている」とか、「モラルが地に落ちている」と企業批判をする人たちもいるが、機能不全でない文化のほうが実はちょっとした奇跡と言ってもいいくらいに珍しい。すべての理念に100パーセント合った行動を取れている大組織なんて存在しない。だが、明らかにうまくやっている組織もあれば、そうでない組織もある。私たちの目標は、うまくやることだ。完璧を目指すことじゃない。

最後に、気落ちさせるようなことをひとつ。偉大な文化があっても偉大な企業が構築できるとは限らない。プロダクトがたいしたものでなかったり、人の欲しがらないプロダクトをつくっていたりする場合には、どれほど文化が優れていても企業は失敗する。企業にとっての文化とは、有望なプロスポーツ選手にとっての栄養とトレーニングのようなものだ。生まれつき能力の高いアスリートなら、多少栄養が足りなくてもトレーニング環境が劣っていても成功できてしまう。しかし、才能がなければオリンピック選手にはなれない。それでも、最高の栄養とトレーニングはすべてのアスリートを強くする。

では、優れた文化が成功を確約しないとしたら、どうして文化を気にする必要があるのだろう？ 社員の記憶にいつまでも残るのは、プレスリリースでもなければ賞をもらったことでもない。四半期業績が上がったとか下がったとかいうことなど、すぐに忘れてしまう。自社のプロダクトのことだってもしかするとあやふやになってしまうかもしれない。

でも、そこで働いていたときにどんな気分になったかや、そこで働いたことで自分がどんな人間になったかはいつまでも残る。社員の心から離れないことがひとつあるとしたら、それはその会社特有の気質と気風だろう。物事がうまくいかないとき、その気質や気風が人々をつなぐ拠り所になる。それが日々の小さな判断の道しるべになり、それが積み重なってある種の純粋な目的意識が生まれる。

この本は、完璧な文化をつくるためのテクニックを網羅したものではない。理想の文化には、こうと決まった形があるわけではない。企業文化の強みは、同時に弱みにもなりえる。時には、生き延びるために、自分たちの文化の核になる原則を破らなければならないこともある。文化は組織に欠かせないものだが、文化の純度にこだわって会社がダメになるとしたら本末転倒だ。

この本では、古代から現代までの組織文化をめぐる旅に読者をお連れしようと思う。この旅を通して、どんな組織をつくるときにも土台になる問いに答えられるようになるだろう。自分はいったい何者なのか？ この問いは単純そうで、単純とはほど遠い。なぜなら、あなたの本質は、あなたがそこにいないときに人々があなたについて話していることだからだ。あなたはユーザーにどう接しているだろう？ ピンチに陥った人に寄り添っているか？ あなたは信頼できる人間か？

リーダーの人となりは、壁に掲げた社是ではない。全社ミーティングでのスピーチでもない。マーケティングキャンペーンでもない。リーダーの信条ですらない。

人の真の姿は、どんな行動をしているかに表れる。あなたの行いが、あなたという人間なのだ。この本が、あなたがやるべきことをする助けになることを願っている。そしてあなたがなりたい人になれることを願っている。

第 1 章

文化と革命

トゥーサン・ルーベルチュールの物語

奴隷の血筋、王者の魂

——ナズ

CULTURE AND REVOLUTION: THE STORY OF TOUSSAINT LOUVERTURE

Blood of a slave, heart of a king.

——Nas

2007年にオプスウェアをヒューレット・パッカードに売却して、統合作業を終えると、私はやることがなくなった。起業家としての私は、それまでいつも逆張りで考えることを意識してきた。突き抜けたアイデアを見つける秘訣は、ピーター・ティールも言うように、誰も信じていないことを信じられるかどうかだ。そこでとりあえず、みんながあたり前に信じていることは何かを、私は考えはじめた。

最初に頭に浮かんだのが奴隷制度だ。「奴隷制度はあまりにもひどすぎる。そんなひどいことがあれほど広範囲に広がったなんて、信じられない」と思ったのだ。だとすると、この常識に対する逆張りの視点は、どんなものになるだろう？

奴隷制度が終わったことのほうが、もしかしたら驚くべきことなのではないか？ 最初はさすがにそんなことはないだろうと思ったが、深掘りしていくにつれて、ここに何か大切なことがあるかもしれないと感じはじめた。奴隷制度は有史以来ずっと存在していた。世界の主要な宗教はいずれも奴隷制度を容認してきた。聖書やコーランにも、奴隷について長々と詳しく描かれた個所がある。1600年代には世界人口の半分以上は奴隷として使われていた。その奴隷制度をどうやって廃止できたのだろう？ 奴隷制度の廃止は人類が最も喜ぶべきの物語だ。そうした物語の中でも、最高に面白いのはハイチ革命だ。

人類の長い歴史の中で、国家独立につながった奴隷による革命はひとつしかない。もちろん漢王朝でも奴隷の反乱は起き、オスマン帝国でもキリスト教奴隷の反乱が起きていた。また奴隷貿易が盛んだった15世紀から19世紀にかけては、総勢1000万人とも言われる拘束されたアフリカ人奴隷の一部が反乱を起こしたことが、さまざまな記録に残されている。だが、成功した反乱はひとつだけだ。どの反乱も、極めて強い意志を持って起こされたことは間違いない。自由を追い求める活動ほど、気持ちの高まることはない。それなのに、成功した革命はひとつだけ。なぜだろう？

奴隷制度は、人を人として扱わずれい属させた集団の文化の発展を妨げるものだ。そして文化が壊れていると戦争に勝てない。奴隷の仕事は、何ひとつ自分のものにならない。いつ何時、自分や家族が売られたり殺されたりするかわからない中で、じっくり考えたり仕組みをつくったりして仕事をしようという気になるはずがない。奴隷がほかの生き方があることを知ったり、ほかの奴隷と話をしたり、主人の考えていることを知ったりするのを防ぐため、読み書きを学ぶことは禁じられていたし、知識を積み上げ蓄積する道具もなかった。主人の道楽で奴隷はレイプされ、むち打たれ、身体を切り刻まれていた。

こうした残虐行為が重なって、教育程度が低く、信頼もなく、生き残りだけに汲々《きゅうきゅう》とするような文化がつくられた。そのような文化の中では、団結した戦闘部隊は生まれない。

だとすれば、奴隷として生まれたある男が奴隷文化をつくり変えることができたのは、どうしてだろう？　その男、トゥーサン・ルーベルチュールは、どうやってサン＝ドマング（フランスから独立前のハイチ）の奴隷たちを戦闘集団に仕立て上げ、スペイン、イギリス、フランスといったヨーロッパ最強の軍隊を打ち負かすことができたのか？　この奴隷部隊が、ナポレオン軍にワーテルローの戦いよりも多い死傷者を出させることができたのは、どうしてなのか？

　ほかの場所に比べて、サン＝ドマングの奴隷が置かれた環境がそこまで悲惨でなかったということなのだろうか？　ルーベルチュールはたまたま運に恵まれたのか？

　そんなことはない。奴隷貿易が行われていた時代に、アメリカに連れて来られた奴隷の数は50万人に満たない。一方で、サン＝ドマングには90万人が連れてこられた。それなのに、1789年までに、アメリカの奴隷は70万人近くに達したが、逆にサン＝ドマングの奴隷は46万5000人に減っている。つまり、サン＝ドマングでは生まれるより多くの奴隷が死んでいた計算になる。この島は、奴隷の処理場だったのだ。

　サン＝ドマングの奴隷たちは、想像を絶するほどの残忍な扱いを受けていた。作家のC・L・R・ジェームズは、名著『ブラック・ジャコバン――トゥーサン・ルーベルチュールとハイチ革命』（大村書店）の中で、当時の様子をこう記している。


　むち打ちが中断され、熱された木片が奴隷の尻に敷かれる。血の流れる傷口に、塩、コショウ、シトロン、燃えかす、アロエ、そして灰が擦り込まれる。身体の一部を切断されることもしょっちゅうだった。手足や耳や性器さえ切り落とされた。カネのかからない楽しみを奴隷から奪うためだ。主人は奴隷の腕や肩に熱したろうをかけ、熱して茹で上がったサトウキビ汁を頭からかけ、生きたまま焼き殺し、じっくりとあぶり焼きにし、身体に火薬を詰め込んでマッチで爆発させた。生き埋めにして首だけ地面から出し、頭に砂糖をかけてハエが群がるように仕向けることもあった。

こうした残忍な環境のせいで、当然ながら奴隷たちは卑屈になり、お互いを疑ってかかるような文化が生まれた。黒人奴隷と混血のムラートはお互いを憎み合うようになった。混血の中でもほぼ白人に近い男たちはハーフの男を見下し、ハーフの男たちはクオーターの男を見下し、という具合だった。

なによりも、軍隊は巨大な力で反乱の芽を摘もうと目を光らせていた。サン＝ドマングは世界の砂糖の3分の1を供給し、コーヒーの半分を供給していた。ここは世界一カネになる植民地であり、だからこそ戦略的な権益の場でもあった。あらゆる帝国が軒並みサン＝ドマングの支配権を握りたがっていた。

というわけで、サン＝ドマングは反乱などとても望めないような場所だった。ルーベルチュールの反乱は奴隷による蜂起というよりむしろ、綿密な軍事戦略に基づく計算された体制破壊であり、より恒久的な変化を狙ったものだった。

敵からも天才と称されたほどのルーベルチュールは、奴隷文化の一番いい点と、自分を奴隷にしたヨーロッパ植民地文化の一番いい点をうまく混ぜ合わせ、そこに彼自身の卓越した洞察力を加えることに成功していた。このハイブリッドな文化のおかげでルーベルチュールは、強力な軍隊と狡猾な外交手腕、そして経済と政治における先見性を手にしたのだった。

トゥーサン・ルーベルチュールとはどのような人物だったのか

ルーベルチュールは、サン=ドマングのブレダにあるさとうきび農園に奴隷として生まれた。1743年のことだった。ルーベルチュールの経歴は断片的であやふやにしかわかっていない。名もなき奴隷の記録など、誰も残してくれなかったからだ。ハイチ革命の転機がどこだったかは歴史家の中でも論争があるが、この革命を率いたリーダーが並外れた人物であったことだけは、全員の一致するところだ。

ルーベルチュールは生まれつき病弱で、親からは「身体の弱い棒っきれ」と呼ばれ、長生きは望めないと思われていた。しかし12歳になる頃には農園の子供たちの誰よりも運動能力に秀でていた。そのうちに、サン=ドマングいちの馬術家とも言われるようになる。60歳近くになっても日に200キロも馬で走ることもしょっちゅうだった。

ルーベルチュールは、背丈は160センチ足らずで、どう見てもハンサムとは言えない顔立ちだった。無駄口をたたかずいつも険しい表情だったが、力強さにあふれ、ものすごい集中力を持っていた。夜は2時間しか眠らず、バナナ数本と水一杯で何日も過ごすことができた。ルーベルチュールはみずからの教養、立場そして人格のおかげで、革命よりずっと以前から奴隷仲間のあいだでひとかどの人物と見られていた。彼は自分がリーダーになる運命だということに疑いを持たなかった。

まだティーンエイジャーの頃から、ルーベルチュールは農園のラバと牛の世話係になっていた。これは当時、白人男性の仕事とされていた。ルーベルチュールはこの稀有なチャンスを利用して、自由時間に勉強し、主人の蔵書を読んでいた。カエサルの『ガリア戦記』も読んだし、ヨーロッパと極東の貿易の歴史を網羅したレナールの『両インド史』（法政大学出版局）も読んだ。カエサルの著作からは政治と戦争の作法を学び、レナールの著作からはヨーロッパ地域の経済の基礎知識を隅々まで得ることができた。

とはいえ、いくら教養があり、いい仕事を任されても、黒人としてひどい扱いを受けることからは逃れられなかった。ある日、ルーベルチュールが祈禱《きとう》書を抱えて礼拝から帰宅しようとするところに、白人が目をつけた。ルーベルチュールによると、その白人男は「いきなり木の棒で私の頭を殴りつけながら『ニグロは本なんか読んじゃいけないのを知らないのか？』とつっかかってきた」。ルーベルチュールは詫びて家に逃げ帰った。このときの無念を忘れまいと、彼は血にまみれたチョッキをそのまま取っておいた。その後何年も経って革命がはじまり、ルーベルチュールは例の白人男に再び出会った。そして、「その場で男を殺した」と伝記著者のフィリップ・ジラードは満足げに書いている。

農園の法律顧問だったフランソワ・バイヨン・デ・リベルタは、ルーベルチュールの能力に気づき、彼を（馬車の）御者に引き上げた。1776年頃、リベルタはついにルーベルチュールを解放した。ルーベルチュールはリベルタの馬車の御者として、給料をもらう立場になったのだった。当時、奴隷から解放される黒人は1000人にひとりもいなかった。ハイチ革命の父は、白人と特別な絆で結ばれて、晴れて自由の身になったのだ。

　ルーベルチュールはリベルタを送り迎えするたびに人脈を広げ、その後仲間となる人々との関係を築いていった。御者の仕事はまずなにより、フランス植民地の流儀を理解し、身につける役に立った。そのうちに、ルーベルチュールはフランス植民地のサン＝ドマングでただひとり、誰も気づいていない真実に気がついた。それは、肌の色ではなく文化が人々の振る舞いを決めているということだ。

　その証拠に、意外にもルーベルチュールは解放されたあと、みずから奴隷を買い、買った奴隷をたいていは解放してあげていた。しかし同時に、植民地の流儀を自分のために利用しようともした。当時の彼が知っていた唯一の流儀は、奴隷から搾取することだった。1779年、ルーベルチュールは13人の奴隷が働くコーヒー農園を借り入れる。そしてこの農園でカネを儲けようとしたが、まもなく失敗してしまう。この農園で働いていた奴隷のひとりが、のちにルーベルチュールの右腕となるジャン・ジャック・デサリンだ。だが、デサリンにはその後裏切られてしまう。

　ルーベルチュールが商売から政治に方向を変えたきっかけがあるとすれば、それは1784年のある出来事だった。レナールの書いた有名な一文を読んだのだ。レナールは啓蒙時代の作家で、奴隷革命を支持した進歩主義者だった。彼はこう書いていた。

「勇敢なリーダーよ、来たれ。彼はいずこに？　苦しめられ抑圧され拷問を受けた子供たちを救い出す偉大な男はどこにいる？」

ルーベルチュールはこの文章を何度も何度も読み返し、自分がその勇敢なリーダーかもしれないと夢見ていたとも言われている。

立ち上がったルーベルチュール

1789年、フランス革命の知らせがサン＝ドマングに届くと、暴動の気配が漂いはじめた。1791年に起きたマンケッツ農園での反乱がきっかけとなり周辺の農園にいた奴隷も立ち上がった。数年もしないうちに、反乱者は5万人にも達する。アメリカ史上最大の奴隷反乱と比べても、100倍の規模になっていた。

ルーベルチュールは各地の反乱を知っていたし、その計画を助けたらしいが、一方で様子見の姿勢を取り、自分が反乱に参加したのは1カ月後だった。サン＝ドマングの政治状況は極めて複雑で、派閥や党は数知れず、同盟関係は刻々と変化していた。そんな中で、この先サン＝ドマングがどうなるかはまったく見えないどころか、自分の農園が来週にはどうなっているかもわからないような状態だった。

ルーベルチュールが反乱軍に参加したときには47歳になっていて、すでに「老練トゥーサン」として知られていた。数カ月もたたずして、みずから部隊長を名乗り、3大反乱軍のうちのひとつを率いることになった。人々の支援を得るために、ルーベルチュールはフランスのルイ16世の命を受けているふりをした。ルイ16世から反乱兵の務めに報いて週3日の休みを約束するとの書簡を受け取ったとふれ回った。そんな詭弁が通用したのは、反乱兵のほとんどは読み書きができないからだった。

1791年から1793年のあいだに、ルーベルチュールと反乱軍は予想外の大成功を収めたため、フランスは彼らを抑えようと1万1000もの兵をサン＝ドマングに派兵した。なんと、アメリカ独立戦争に送ったときより多くの兵士を送り込んだのだ。

1793年にルイ16世がパリでギロチンにかけられたあと、イギリスとスペインはサン＝ドマングに侵攻する。どちらもフランスの混乱に乗じてハイチ争奪を目論んでいた。スペインがフランスに対して宣戦布告すると、ルーベルチュールはスペインの司令官のもとに馳せ参じ、彼が抱える600人の兵隊をスペイン軍に統合しようと持ちかける。そのほかの反乱奴隷グループもここに加わった。そうやって、ルーベルチュールはスペイン軍の大佐となり、フランス軍と戦った。

翌年、ルーベルチュールはフランス軍に寝返る。自分にも兵士たちにもそのほうが有利と見たからだ。それから1年もしないうちに、今や5000人の強力な大軍を引き連れたルーベルチュールは、スペインのためにフランスから奪った街区のすべてを取り戻し、まだスペインと手を組んでいた反乱グループを抑え込んだ。ルーベルチュールのもたらした勝利と、ヨーロッパ本土での軍事衝突のせいで、スペインは和平を乞わざるをえなくなった。ルーベルチュールははじめてヨーロッパの超大国を破ったのだ。

次なる敵はイギリスだった。イギリスは2個の大隊をサン＝ドマングに派兵する。大規模な国家部隊との戦いに備えがないルーベルチュールは1795年に撤退をはじめ、その後2年のあいだ、守りの姿勢を取り続ける。そのあいだに、50万人とも言われる残りの黒人反乱グループがルーベルチュールの軍に加わっていた。時の経過、ゲリラ的な奇襲攻撃、そして黄熱病が重なり、敵軍は疲弊していく。ハイチに派兵された2万人のイギリス兵のうち1万2000人は命を落とし、1798年にはルーベルチュールの交渉によって残りの兵士も撤退する。またしても、ヨーロッパの超大国を打ち負かしたのだった。

1801年、ルーベルチュールはスペイン領のサントドミンゴを占領。現在のドミニカ共和国だ。サントドミンゴ占領によって、ルーベルチュールはスペインを完全撤退に追いやった。1801年7月7日、全島を掌握したルーベルチュールはついにサン=ドマングの総督となる。奴隷として生まれた島の統治者になったのだった。そしてすぐに新憲法を発布する。サン=ドマングは名目上はフランス領だったものの、新憲法によって奴隷制度は廃止され、どんな人種でも職業を選べるようになり、実質的な独立国家が生まれた。ルーベルチュールと彼の軍はたったの10年で想像もできなかった偉業を成し遂げたのだった。

どのように奴隷文化を解体したか

長い革命のさ中の1797年、ルーベルチュールは軍を率いるだけでなく、理想を掲げて市民を説得し、新たな生き方へと導くことができると証明した。サントドミンゴ出身の白人准将ビンセント・デ・ボーブランは、フランス議会にこう証言している。「ハイチは無知で粗野な黒人の手に落ちた」ボーブランの証言は議会に大きな衝撃を与え、パリでは反ハイチ革命の謀略が噂されるようになった。

こうした反発に対してルーベルチュールは、ハイチ革命を正当化する書簡を発表し、その中で自身の人種論と文化理論を展開した。フィリップ・ジラードはこう書いている。「ルーベルチュールはボーブランの主張を一つひとつ取り上げ、一つひとつ論破していった。黒人は怠惰ではなく、無知で粗野な原始人でもないこと。奴隷制度が人間を粗野にしてしまったこと。ハイチ革命でも暴力は起きたが、フランス革命も同じように暴力的だったこと。そして、奴隷は自分たちを残酷に抑圧してきた農園主たちに驚くほど慈悲深かったことも伝えた」ルーベルチュールは、元奴隷がみずからの文化を洗練させたことを示し、解放された黒人には「フランス国民と呼ばれる権利がある」ともう一度強く主張して、この書簡を締めくくっていた。

1798年、ルーベルチュールがイギリスと和平を結び外交関係をはじめると、ロンドン・ガゼット紙はこう記事にした。

トゥーサン・ルーベルチュールはニグロである。戦時には略奪者とも呼ばれた。しかし、人々の話を総合するに、ルーベルチュールは生まれながらに黒人の主張を裏づける役割を背負い、人格は肌の色とは関係ないことを証明した。

ほかのどの国よりもアフリカ人奴隷を売買してきたイギリスで、奴隷制度が廃止される35年も以前に、ロンドン・ガゼット紙はルーベルチュールに賛辞を送っていたのだ。ルーベルチュールが見据えていたように、ヨーロッパ人もまた、奴隷の振る舞いを形づくっていたのは生まれではなく奴隷文化だったたことに気づきはじめていた。

アメリカ人の中にもまた、同じ考えを持つ人が出はじめていた。1798年、フランスと擬似戦争に入ったアメリカでは、議会によってフランスおよびその植民地との貿易が禁止された。サン＝ドマングとの交易もまたすべて中断された。ルーベルチュールはジョセフ・ブネルという人物を、時のアメリカ国務長官ティモシー・ピカリングのもとに派遣し、貿易の再開を求めた。ルーベルチュールはわざと白人を使者としてアメリカに送り込み、奴隷所有国への配慮を示したのだった。1797年、アメリカ議会はジョン・アダムズ大統領に対し、アメリカに介入しないフランス領に対しては貿易制裁を免除する権限を与えた。この法律は明らかにサン＝ドマングのためにつくられたものだったため、通称「ルーベルチュール条項」とも呼ばれたほどだった。

国務大臣のピカリングはルーベルチュールに手紙を書き、アメリカがサン＝ドマングと貿易を再開することを知らせた。フィリップ・ジラードは、名著『トゥーサン・ルーベルチュール』の中で、この手紙を美しく描写していた。

ピカリングは印象的な言葉で手紙を締めくくった。「あなた様のお気持ちに配慮しつつ。

あなたの忠実なしもべより」
元奴隷にとって、このような丁寧な外交辞令には不思議な響きがあったに違いない。それまで大物の白人から「あなたの忠実なしもべ」と言われたことなどなかったはずだ。

アメリカで修正第13条が批准され奴隷制度が廃止される65年以上も前に、アメリカ議会はある黒人男性のために特別な条項をつくっていた。ルーベルチュールの肌の色ではなく、彼がつくり出した文化をもとに、アメリカは交渉を進めたのだった。

奴隷文化を世界で尊敬される文化につくり変えるためにルーベルチュールが使ったテクニックは7つある。ここからはそのテクニックを見ていこう。どんな組織でも、文化を変えたいと思えばこのテクニックが通用するはずだ。

1　うまくいっていることを続ける

軍隊をつくるにあたってまず、ルーベルチュールは500人の男たちをみずから名指しで選び出した。この男たちを徹底的に鍛え上げ、戦争に必要なスキルを身につけさせた。こうすることで、ルーベルチュールは一糸乱れぬ新しい文化をつくり出していた。軍隊の力を強めるには兵士の意識向上が必要なことはわかっていたが、同時に奴隷文化に大きな強みがあることも知っていた。土台のないところに新たな文化をつくり出してもうまくいかないことが、ルーベルチュールにはわかっていた。のちにレーニンがこの試みに失敗したことでも、それは明らかだ。人はこれまでと違う文化規範を簡単には受け入れないし、まったく新しい体制をすべて一度に身につけることは不可能なのだ。

そこで、すでにある2つの文化的な強みを生かすことにした。そのひとつは、ブードゥー教の祭りで歌われる奴隷の歌だ。ルーベルチュールは敬虔《けん》なカトリック信者で、のちにブードゥー教を禁止することになるものの、一方で現実主義者の彼は使えるものはなんでも使った。そこで、簡単だが記憶に残る歌声という武器を、最先端のコミュニケーションツールに仕立てあげた。ヨーロッパ軍には長距離の暗号通信手段がなかったが、ルーベルチュールの軍隊にはそれがあった。反乱軍の兵士たちは、まず木陰に散らばって敵を囲い込む。そしてブードゥーの歌を歌いはじめるのだ。もちろんヨーロッパ人には歌詞はわからない。そして、ある歌詞のところまできたらそれを合図に一斉に攻撃を仕掛ける。

次にルーベルチュールの兵士の多くは戦争経験者で、戦い方を知っていた。兵士の中にはアンゴラ・コンゴ戦争で戦った猛者たちもいた。ルーベルチュールは彼らのゲリラ戦法を取り入れた。特に森の中で敵を待ち伏せ、大勢で取り囲んで一気に潰す戦法は役立った。彼はこうしたゲリラ戦法と最先端のヨーロッパ戦術を組み合わせ、敵がこれまでぶつかったことのないような複合部隊をつくり上げていった。

2 ショッキングなルールをつくる

奴隷は何も所有できず、富を蓄積する手段もなく、いきなり家族や自分の命やそのほかのすべてを奪われることもある。そんな人生ならたいていの人間は極端に短期でしかものを考えられなくなり、誰も信用できなくなってしまう。今、誰かを裏切って得られるものよりも大きな見返りが先々にあると信じていなければ、目先の利益を犠牲にしてその人への約束を守ったりはしない。明日はないと思っていれば、信頼も存在しない。

そんなものの見方が軍隊では問題になる。大組織の運営に信頼は欠かせないからだ。信頼がなければ、コミュニケーションも成り立たない。なぜなら、「人間が触れ合うときに必要なコミュニケーションの量は、信頼の量に反比例する」からだ。

私があなたに絶対の信頼を寄せているとしたら、あなたの行動について私は説明を求めないし、話さなくてもいい。あなたが私の利益を第一に行動することが私にはわかっているからだ。逆に、私があなたをまったく信じていないとしたら、あなたがどれだけ言葉を尽くして説明し、理屈をつけても、私には通じないだろう。あなたは本当のことを言うはずがないし、私のためを思って行動してくれるはずはないと私が思い込んでいるからだ。

組織が大きくなるにつれ、コミュニケーションは一番難しい課題になる。兵士が上官を心の底から信頼していれば、そうでない場合よりも意思が伝わりやすいのは間違いない。

ルーベルチュールは、自分の軍に信頼を浸透させるため、あるルールをつくった。そのルールがあまりにショッキングだったので、「いったいどうしてなんだ?」と物議を醸したほどだった。ルーベルチュールは、既婚の兵士に妾《めかけ》を持つことを禁じたのだ。強姦も略奪も兵士にとっては当たり前とされていた中で、婚姻の誓いを尊重しろというのはばかげた命令に聞こえたに違いない。「ウソだろ！」という声が聞こえてきそうだ。もちろん、兵士たちはきちんとした理由を知りたがったはずだ。

組織の誰もが「どうしてだ？」と思うことに対して、どう答えるかで文化が決まる。というのも、その答えはみんなの記憶に残るからだ。新人が入るたびにその説明が繰り返されることになるし、その説明は組織文化の中に織り込まれる。新人兵士は、「妾をとってはいけない理由をもう一度説明してもらえませんか？」と聞くはずだ。その答えは、「この軍隊では、約束が何よりも重要だから。妻との約束を守れないなら、私たちとの約束を守れるはずがない」というものだ（ただし、ルーベルチュールにも婚外子がいたので、事はややこしかった。完璧なリーダーなどいないので、仕方がない）。

結婚、正直さ、忠誠心は、ルーベルチュールが目指した社会のシンボルだった。そして彼は、単純でショッキングなひとつのルールを使って、これらの要素を自分の文化に組み入れたのだった。

3 服装を整える

ルーベルチュールが反乱軍に参加したとき、ほとんどの兵士は服を身につけていなかった。農園ではいつも裸で働いていたからだ。この寄せ集めの兵士たちに、エリート戦闘部隊としての意識を植えつけるため、ルーベルチュールと革命軍の兵士は当時では最高に洗練された軍服に身を包んだ。自分たちが何者で、何を成し遂げたいのかを常に心に刻んでおくためだ。

その姿をフィリップ・ジラードはこんなふうに描いていた。

自分たちが単なる略奪集団ではないことを示してみせるため、反乱軍は旧体制のヨーロッパ軍が使っていた装飾を施した制服を身につけ、見栄えのいい士官の階級章と渡航証書も装備していた。

ルーベルチュールの伝記作家たちの多くは、こうした振る舞いを滑稽でばかげていると感じていたようだ。反乱軍の目的はヨーロッパ軍と彼らが守りたいものをすべて破壊することではなかったのか？　いや、そうではなかった。反乱軍は、自分たちを解放するために軍隊をつくり、独立を維持できるような文化をつくり出そうとしていた。そのために、自分たち以前に成功を成した軍隊から最良の制度を取り入れたのである。次の章では、戦争だけでなくビジネスでも、たとえば制服といった一見単純なものが人々の振る舞いを変え、それによって文化も変わることを紹介する。

4　外部からリーダーシップを取り入れる

リーダーは、望ましい文化をつくり上げたほかの指導者たちを取り入れることで、みずからの文化を変えることができる。カエサルは、そうやってローマ帝国を築き上げた。征服した地域の指導者を処刑するのではなく、彼らをその場所にとどめ、地域文化への深い理解を利用してその地域を統治した。ルーベルチュールはおそらく、『ガリア戦記』からこのアイデアを取り入れたのだろう。

ただし、カエサルと違って、ルーベルチュールの場合には、虐げる側と虐げられる側が肌の色でお互いを見分ける環境にあった。そこで、彼は白人の血が混じった奴隷たちを軍に引き入れ、フランス軍の脱走兵士たちも仲間に入れて伝統的な軍事訓練を行い、効率的に軍を組織した。これは並たいていのことではない。ルーベルチュールが白人を引き連れている姿に、人々は仰天した。黒人たちが白人や混血兵に従うつもりはないとルーベルチュールに告げると、彼はワインと水をグラスに注いで混ぜ合わせ、こう言った。

「どっちがどっちだかわかるか？　私たちはみな一緒に生きるしかないのだ」

企業文化は、あるシンプルな目標を核につくられる。そのシンプルな目標とは、人々が欲しがるプロダクトやサービスをつくること。しかし、そんな企業も、当初の課題を克服し、さらなる進化を遂げるには、新たな挑戦に挑む必要がある。フランスを倒すためには、相手の文化や軍事戦略を理解し、それに精通しなければならない。ルーベルチュールはその知識を持つリーダーたちを引き入れたのだった。

新たな事業領域への参入を試みながら、文化は変えたくないという企業をよく見かける。消費者向けプロダクトの企業がエンタープライズ市場に参入したい、つまり大企業向けにプロダクトを販売したいと言いながら、きちんとしたスーツで仕事をするような社員を雇いたがらないというのは、よくあるケースだ。自分たちのもともとの文化で間に合うはずだと思い込んでいるからだ。だが、それでは結果がでないことはすでに証明されている。

優れた文化をつくるということは、状況に合わせて自分たちを変えるということだ。つまりそれは、自分たちが参入したい市場の文化や精通したい市場の文化を知るリーダーを社外から連れてくることでもある。

5　何が最優先かを行動で示す

リーダーの意思決定が一般的な直感に反していればいるほど、文化への影響は大きくなる。ルーベルチュールは、革命時に直感とは真逆の判断によって文化を築いた。革命軍がサン＝ドマングを制圧すると、兵士の多くは農園所有者に復讐したがった。もしルーベルチュールが農園所有者をその場で撃ち殺せと命じたら、兵士は喜んで従っただろう。もし農園所有者たちが勝っていたら、もちろんルーベルチュールを殺していたはずだ。しかし、ルーベルチュールは復讐という考え方を嫌った。復讐は文化を破壊こそすれ、向上させるとは思わなかったのだ。

それに、戦費の調達も必要だった。もし国が破産してしまったら、革命も頓挫する。サン＝ドマングの経済は農作物頼みだった。農作物がなければ、重要な国として認めてもらえないことは明らかだった。そこで、ルーベルチュールはこう宣言する。「黒人の自由は、農業の繁栄によって保証される」

農園の規模を維持しなければ、経済的に成り立たないことはわかっていた。サン＝ドマング経済の要ともいえる農園経営に必要な知識と教育と経験があるのは、農園所有者だった。

そこで、ルーベルチュールは農園主を生かしておいたばかりか、引き続き土地の所有も許した。だが一方で、そこで働く労働者に対してかならず利益の4分の1を支払うよう要求した。そして、農園主には自分の農園に住むよう命じ、そこで働く労働者に賃金を支払い、適切に待遇する責任を負わせた。この命令に従わなかった場合には、土地を没収することにした。

この決断によって、ルーベルチュールはどんなに言葉を尽くしても成し遂げられないことを成し遂げた。革命は復讐のためではないということ、そしてサン＝ドマングの経済的な繁栄が最も優先されるということを伝えたのだ。「報復すべからず」と口で言うのは簡単だったかもしれないが、そうした文化を築いたのはルーベルチュールの行動だった。

6　言行を一致させる

リーダーが率先して行動しないかぎり、文化は花開かない。どれほど上手に文化が設計され慎重に構築されしつこく強制されたとしても、トップにある人が矛盾する行動をしたり表面だけを取り繕った振る舞いをしたりしていれば、すべてが水の泡になってしまう。

たとえば、あるCEOが時間厳守を企業文化の中心に置いたとしよう。そのCEOは、「時間を守ることは他人に敬意を払うことだ」と熱く語っていた。社員の時間がこの会社の最も大切な財産なのだから、遅刻は同僚の大切な資産を奪うのと同じことだと口を酸っぱくしていた。それなのに、CEO自身がいつも打ち合わせに遅れてくる。そんな会社で、ほかの社員が時間を守るだろうか？

ルーベルチュールはこのことを十分に理解していた。兵士には多くのことを求めたが、彼自身もそれ以上に決めたことはかならず守っていた。ルーベルチュールは兵士たちと同じ宿舎に住み、同じ仕事をした。大砲を動かさなければならなくなって、ルーベルチュールも加勢に入り、その途中で手にひどい怪我をしたこともあった。彼はみずから軍隊の先頭に立って戦いに参加し、17回も負傷している。ヨーロッパではアレキサンダー大王以来、そのようなリーダーはいなかった。

ルーベルチュールは、自分自身が信頼に足る人物になることで、信頼の文化を築き上げた。C・L・R・ジェームズはこのように書いている。「絶えず兵士のために行動したことでルーベルチュールは信頼を得た。無学で、飢えに苦しみ、虐げられ、不安な人たちにとって、ルーベルチュールの言葉は絶対だった。彼らが信頼できる北部の人間は、ルーベルチュールしかいなかったのだ」

ルーベルチュールが理想とした文化は彼自身の価値観そのものだったため、ほとんどのリーダーと比べてルーベルチュールはたやすく言行を一致できた。報復を禁止するという命令が試されたのは、南部の混血奴隷の司令官であり仇でもあったアンドレ・リゴーを、凄惨なナイフの戦いで打ち負かしたときだった。リゴーはルーベルチュールに刃向かったばかりか、その権威を鼻で笑い、混血奴隷を白人と黒人の中間に置いていたカースト制度は正しいと訴えた。リゴーの支持者の前でルーベルチュールはこう判決を下した。「我らに罪を犯すものを我らが許すごとく、我らの罪をも許したまえ。仕事に戻れ。我はすべてを水に流した」

リーダーの本当の価値観を反映するものでなければ文化は定着しない。ただの耳障りのいい言葉は文化にならない。なぜなら、リーダーの行動によって、つまりリーダーが手本になることで文化はつくられるからだ。

7 倫理観をはっきりと打ち出す

どんな企業も、自分たちが誠実だと思いたがるものだが、社員に聞くと違う答えが返ってくる。誠実さとは抽象的で長い目で見なければ効果のわからない概念なので、実行が難しい。誠実であれば、いつもよりたくさん目先の案件が獲得できるだろうか? それはないだろう。むしろ逆の可能性が高い。誠実さのおかげで、商品の発売を1週間早められるだろうか? まさか。ならば、どうして誠実さなど気にする必要があるのだろう?

誠実さ、正直さ、善良さは、文化への長期的な投資になる。誠実であることの目的は、四半期業績を達成することでも、ライバルに勝つことでも、新しい社員を採用することでもない。働きやすい職場をつくり、長期的に取引したいと思ってもらえる企業になることだ。そのために犠牲を払うこともあるだろう。短期的には業績が下がったり人材や投資家が離れていったりするかもしれない。だからこそ、ほとんどの企業は本気で誠実さを実践することはできないのだ。だが、社員にいい行いを実践させることができない企業は、結局破綻してしまう。

誠実さとは社内外の境目のない概念なので、組織に浸透させることが難しい。社員に対しては誠実に対応していても、顧客にウソをついていれば、社員はそのギャップに気づき、お互いにウソをつきはじめる。だからどんな人に対しても同じ行動を取らなければならない。どの場面でも、リーダーは期待に添うふるまいが求められる。

それを理解していたルーベルチュールは、骨身を惜しまず組織的にかつ容赦なく、奴隷兵士の行動規範を上へ上へと引き上げていった。彼は目先の利益を追いかけなかった。まず、人々が誇りに思う軍隊をつくり、それからみんながその一員であることに誇りを持てる国家をつくった。ルーベルチュールは、革命に勝つだけでなく、偉大な国家を建国しようと心に決めていた。そのためには長期の視点が必要であることがわかっていたのだ。

ルーベルチュールがつくった新たな国家は、個人の勤勉さ、社会倫理、公教育の充実、宗教の自由、自由貿易、市民としての誇り、人種の平等を目標に掲げていた。そして、個人の責任においてこれらの目標を達成する必要があると訴えていた。「市民よ、学びたまえ。市民としての新たな地位のありがたみを理解してほしい。すべてのフランス市民は、憲法が保証する権利と引きかえに義務を果たさなければならないことを忘れるなかれ」

兵士たちにはとりわけズバリと命令した。

「私をがっかりさせないでほしい。欲望に負けて、せっかくの勝利を棒に振るな。敵を追い出したあかつきには、一番大切なものについて考える時間が持てる。この地上で最も大切な財産、それは自由である。その自由が滅びることのないように、我々は戦っているのだ」

なにより、倫理に関するルーベルチュールの指示は明瞭だった。企業経営者は、製品のリリースといった事業目標ならばはっきりと打ち出していることが多いが、たとえば法律の遵守といったことについては口を閉ざしていることも少なくない。これが命取りになることもある。というのも、企業文化にはっきりと具体的に組み入れられた目標と、誠実さが矛盾することも多いからだ。倫理的な振る舞いとはどのようなものかを具体的に指示せずに、ただ倫理的に振る舞えと言うだけでは、どんな人を雇っても決してうまくいくはずはない。

だからこそルーベルチュールは厳密な指示を与え、かならず実践させたのだ。ルーベルチュールと戦ったフランス将校のパムフィユ・デ・ラクロワはこう書いていた。「ルーベルチュールの軍隊ほど厳しい規律を実践している軍は、ヨーロッパにはない」

フランス軍はルーベルチュールの軍とは対照的だった。C・L・R・ジェームズはこう書いている。「フランス兵士は逃亡し、残った将校たちは規則を破って大砲や武器を破壊し、家畜を殺し、農園を焼き払った。一方で、ルーベルチュールの部下の黒人兵士は、飢えに苦しみ半裸で街に進行しても、規律を守り暴力や略奪を一切行わなかった」

イギリスとの戦争でルーベルチュールの軍隊が飢えに苦しんでいた時でさえ、ルーベルチュールは地元の貧しい白人女性に食事を分け与えた。「戦争の犠牲になった不幸な白人の運命に、私の心は引き裂かれた」とルーベルチュールは記していた。助けられた女性は、この「驚くべき男性」が与えてくれた支えを記録に残し、その醜い元奴隷を「父」と呼んだ。ハイチ革命を率いた奴隷を、植民地の白人女性が「父」と呼んだなどという話をしても、誰も信じてくれないだろう。とてもありえない話だからだ。だが、これは実話である。倫理にはそれほどの力がある。

1801年には、ルーベルチュールが行ってきた文化への投資が実を結びはじめた。黒人と混血市民が国家を治めるなかで、農産物の生産量はフランス支配時代のピーク水準の3分の2まで回復した。誠実であることの価値がここで証明されたのだった。

ルーベルチュールの文化遺産

ルーベルチュールの物語は、残念な幕引きを迎えることになった。1801年にルーベルチュールが憲法を制定すると、ナポレオンは独立に激怒してルーベルチュールの排斥を決意する。翌年、ルーベルチュールの右腕だったジャン・ジャック・デサリーヌ将軍が、サン＝ドマングに駐留するナポレオン軍の将軍と手を組んで、ルーベルチュールへの裏切りを画策。ルーベルチュールは外交会議の場で捕らえられ、船でフランスに送られた。そしてフランスの牢獄で残酷な扱いを受け、残り少ない人生をここで終えることになる。1803年4月7日、ルーベルチュールは心臓発作と肺炎により、その生涯を終えた。一方、ナポレオンはカリブ海地域で奴隷制度を復活しはじめる。この動きがあだとなり、デサリーヌはナポレオンに反逆。デサリーヌは配下の反乱兵をまとめ上げ、ナポレオン軍隊を打ち負かし、1804年1月に独立を宣言した。そして国名をハイチに変え、同年に自身が皇帝の座についた。

デサリーヌは、長年にわたってルーベルチュールが率いてきた革命をとうとう成し遂げたが、ルーベルチュールなら絶対に避けたはずの決断を2つ下した。ハイチにいた白人フランス人のほとんどを死刑に処した上、彼らの所有地を国有化したことだ。ルーベルチュールが築いた文化と経済面での進歩が、ここで突然振り出しに戻ってしまった。その後結局、フランスは1825年にハイチを国家として承認する。しかし、デサリーヌの拙速な決断のせいで、厳しい報復を受けることになった。フランスが失った奴隷と農園に対して、現在の210億ドルに相当する賠償金を請求されたのだ。こうした出来事がハイチの足枷《かせ》となり、ハイチはいまだに西側で最も貧しい国に留まっている。

これは悲しいことだ。だが、なぜそんなことになってしまったのだろう？ 文化と人間の本質を理解していたルーベルチュールほどの天才が、なぜ裏切りを画策されていたことに気づけなかったのだろう？ ある意味で、ルーベルチュールはギリシャ神話のオイディプスのようなものだ。オイディプスはスフィンクスの謎かけは解くことができたのに、一番身近な人の心を見抜けなかった。人間の可能性に対するルーベルチュールの前向きさが、身近な真実を見えなくさせていた。

フランス革命と革命が象徴する自由をルーベルチュールは信じていた。だからこそ、本来はレイシストのナポレオンを、革命が生み出したヒーローだと勘違いしてしまった。ある時、激怒したナポレオンはこう吐き出した。「植民地のニガーたちからひとつ残らず肩章を剝ぎ取るまでは休みなしだ！」

フランスに忠誠を誓っていたルーベルチュールは、フランス軍が侵略してきたときにも独立を宣言しなかった。もしここで独立を宣言していれば、全島がルーベルチュールの味方についたはずだった。

だが、ルーベルチュールはそこで二の足を踏んだ。

また、ルーベルチュールは、自分の軍隊が全員の利益のために最善を尽くすはずだと強く信じていたため、兵士たちの不安を十分に理解していなかった。ルーベルチュールの農業政策、フランスとの外交的解決を求める姿勢、報復禁止のルールなど、あらゆることに対して兵士たちは不安を抱いていた。ルーベルチュールは人間が持つ復讐心の強さを十分にわかっていなかったが、デサリーヌはそのことに気づいていたのだ。

その点を、C・L・R・ジェームズはうまく描いていた。「デサリーヌは、教育のない兵士たちが洗練されたフランス文化になんのつながりも感じられないとわかっていた。彼は今ここで何をすべきかを鋭く嗅ぎ取り、先のことは考えなかった。ルーベルチュールには教養があり、先を見据えていたからこそ失敗した。それは無知による失敗ではなかった」

ルーベルチュールのつくった文化の中で、欠点のある部下たちが期待に応えるのは極めて難しいことだったが、同時にこの文化には根強い力があった。ナポレオンはルーベルチュールを捕らえたあと、サン＝ドマングで奴隷制度を復活させようと試みたが、ルーベルチュールが残した軍がナポレオンを打ち破る。ルーベルチュール亡きあともなお、彼の軍がヨーロッパの超大国を破ったのだ。ナポレオンはワーテルローの戦いよりもサン＝ドマングで多くの兵を失うことになる。この大敗北のせいで、ナポレオンはルイジアナほか北米の14州を1500万ドルで売却せざるをえなくなった。のちにナポレオンはルーベルチュールにサン＝ドマングを統治させるべきだったと告白していた。

自由の文化

サン＝ドマングの奴隷革命は、その後各地で起きた流血の反乱のきっかけとなり、カリブ海の島から島へと広がった。のちにブラジル、コロンビア、ベネズエラ、キュラソー、グアドループ、プエルトリコ、キューバ、そしてルイジアナで起きた反乱の少なくとも一部は、ハイチの反乱やその支持者がきっかけになっていた。その後フランス、イギリス、スペインがこの地域から撤退した背景には、こうした反乱があった。

一方アメリカでは、奴隷廃止論者のジョン・ブラウンがルーベルチュールに触発されて、ハーパーズ・フェリーの弾薬庫を襲撃する。ブラウンは、この襲撃によって南部の奴隷が立ち上がることを期待した。だが、襲撃は失敗に終わり、ブラウンは絞首刑に処されてしまう。しかし、ハーパーズ・フェリーの襲撃がきっかけとなって緊張が高まり、1年後には南部の脱退と南北戦争が起きた。

歴史上最も偉大な文化構築の天才だったルーベルチュールも、故国での人々の生き方を築き上げることはかなわなかったが、その一方で西洋社会の奴隷文化を自由の文化に変えることには大きな貢献を果たした。

トゥーサン・ルーベルチュールは、みずからの誤算から牢獄で生涯を終えることになってしまったが、私たちみんなを解放することに成功したのだった。

第 2 章

ルーベルチュールのテクニックを使う

俺は人を殺したが、俺の音楽は暴力を推しているわけじゃない

——グッチ・メイン

TOUSSAINT LOUVERTURE APPLIED

I' m a murderer, n*gg*, but I don' t promote violence.

——Gucci Mane

類い稀な才能とスキルを持つルーベルチュールが使ったテクニックは、現代の企業でも十分に通用する。

うまくいっていることを続ける

1997年にスティーブ・ジョブズがアップルに復帰したとき、アップルは傾いていた。潰れそうになっていたのだ。ジョブズがクビになった1985年に13パーセントだったマーケットシェアは、3・3パーセントにまで落ち込み、現金は四半期分しか残っておらず破綻がすぐ目の前だった。ライバルだったマイケル・デルは、アップルをどう立て直すべきかと聞かれて、「私なら会社を畳んで株主にカネを返すね」と答えたほどだった。

アップルの社内でも、パーソナル・コンピュータの販売は採算に合わないし、それがアップルの凋落の原因だとする通説を誰もが信じていた。PCハードウェアはすでにコモディティに成り下がったというのが当時の業界の常識だった。IBMの安物コピー商品も大量に出回っていた。そんな中で利益を出せるのは、OSとマシンを両方提供する垂直統合型の企業ではなく、水平的にプロダクトを提供できる企業、つまり他社のハードで使えるOSを売る企業だとされていた。

業界のほぼすべてのアナリストが、アップルはマックOSを他社に販売すべきだと言っていた。1997年、ワイアード誌はこう書いた。「そろそろ認めたほうがいい。君たちがハード戦争から脱落したことを」

アップルの共同創業者、スティーブ・ウォズニアックですら、それに同意していた。「我々は世界一美しいオペレーティング・システムを開発した。でもユーザーは倍もの値段のハードウェアを買わなくちゃ、このOSを使えない。そんなのは間違ってる」

スティーブ・ジョブズはそうした言葉に耳を貸さなかった。実際、彼がCEOに復帰して最初に打った手のひとつは、他社へのOSのライセンス供給を停止したことだった。

また、コンピュータメーカーがシェアを拡大するには、サーバーからプリンタからデスクトップからラップトップまでコンピュータ周りのすべての領域に参入すべきだということも、業界の常識とされていた。そして、すべてのユーザーに向けてありとあらゆる形と大きさのパソコンをつくる必要があるとも言われていたのだ。しかし、ジョブズは即座にアップルの大半の製品を生産中止にした。サーバー、プリンタ、携帯端末のニュートン、そしてパソコンのほとんどのモデルも廃止したのだった。

なぜだろう？　ジョブズの視点は、業界の常識とは正反対だった。復帰直後の全社ミーティングでジョブズはこう尋ねた。「この会社のどこがダメなのか、誰か言ってみろ」

そして自分で答えた。「プロダクトだ！」さらにこう続けた。「プロダクトのどこがダメなんだ？」その問いにまた自分で答える。「プロダクトがクソなんだ」

ジョブズにとって、問題はコンピュータ業界の構造ではなかった。アップルが素晴らしい製品をつくればいいだけだ。そのためには企業文化を変えなければならない。マイクロソフトのまねをするのではなく、アップルの強みを活かさなければ、復活はできない。

アップルの強みは昔から、ハードとソフトの融合だった。かつての全盛期には処理速度といった機能面で競うのではなく、人々のクリエイティビティを刺激するマッキントッシュのようなプロダクトをつくることに力を入れていた。ハードとソフトの融合にかけて、アップルは誰よりも優れていた。アップルの魔法のひとつは、ユーザーインターフェースからマシンの細かい色味まで、プロダクト体験のすべてを操る力だった。ジョブズは自分と同じくらいユーザーエクスペリエンスにこだわりのある社員をアップル内で探し回った。そんなジョブズの眼鏡にかなった社員が、あの偉大なデザイナーのジョニー・アイブだ。「彼は誰よりもこの会社が核としてやるべきことを理解している」ジョブズはアイブについてそう言っていた。

1997年に打ち出した有名な広告キャンペーン、「シンク・ディファレント」では、ガンジー、ジョン・レノン、アルベルト・アインシュタインといった創造性あふれる天才を取り上げた。ジョブズはこう言っている。「アップルは自分が何者かを忘れてしまっていた。自分が何者かを思い出すには、自分たちのヒーローが誰かを思い出せばいい」アップルがその偉大さを取り戻すには、過去に自分たちとライバルを分けていた文化の側面を強調する必要があった。

ジョブズはプロダクトを絞り、一人ひとりのアップルファンに向けて素晴らしい体験を提供することに目を向けた。スペックやフィードや速さといった万人向けの機能には力を入れないことにした。その後、iPod、iPad、iPhoneとプロダクトを拡大していくが、決して「水平展開」を目指さず、ソフトとハードを融合させていた。さらにユーザー体験をコントロールするためにアップルストアも展開する。アップルストアは世界で最も成功した小売りビジネスになっていった。

ジョブズがアップルに復帰したときには、倒産まであと10日という状態だった。本書執筆中の現在、アップルは世界一の時価総額を誇っている。

アップルがまだほんの小物だったとき、過去の文化を丸ごと捨てたくなってもおかしくはなかった。ジョブズの前任者、ギル・アメリオは実際、すべてを変えようとした。だが、自分の軍隊に奴隷文化の一番いい部分を残したルーベルチュールと同じで、創業者のジョブズはアップルのもともとの強みを新しい目的に活かしたほうがいいことがわかっていた。

ショッキングなルールをつくる

長期にわたって組織に根づく文化の土台となるような、効果的なルールとはどのようなものかをここに紹介しよう。

■ **記憶に残るもの。** ルールを忘れると、文化も忘れる。

■ **「なぜ?」と問いたくなるもの。** 誰もが「マジで?」と聞き返したくなるような、奇妙でショッキングなルールでなければならない。

■ **文化に直接影響するもの。** 「なぜ?」への答えがその文化の概念を明快に説明するものでなければならない。

■**ほぼ毎日使うもの。**どれほど記憶に残るルールであっても年に一度しか使わなければ意味はない。

トム・コフリンは2004年から2015年までニューヨーク・ジャイアンツの監督を務めたが、メディアはコフリンが定めたショッキングなルールに大騒ぎした。そのルールとは、「時間通りは遅刻」というものだ。コフリンはすべてのミーティングを定刻の5分前にはじめ、遅刻した選手には1000ドルの罰金を課した。というか、定刻に来た選手から罰金を取ったのだ。ちょっと待った。どういうことだ？

はじめは、この「コフリンルール」はうまくいかなかった。NFLに苦情を申し立てた選手もいて、ニューヨーク・タイムズ紙は痛烈な批判記事を載せた。

ジャイアンツの監督に就任したトム・コフリンは、出だしから選手の掌握につまずき、初戦からすでにチームは崩壊の兆しを見せている。

日曜のイーグルス戦は31対17で敗北。NFLによると3人のジャイアンツ選手が早めにミーティングに来たのに罰金を取られたとして、コフリン監督への苦情を正式に申し立てた。

今シーズンオフにフリーエージェントとして獲得したラインバッカーのカルロス・エモンズとバレット・グリーン、そしてコーナーバックのテリー・カズンの3人は、ミーティング開始時間の数分前にやってきたのに、もっと早く来るべきだったとして1000ドルの罰金を課された。

記者に対するコフリン監督の対応も冷ややかだったが、そのことでこのルールがさらに強く印象づけられた。「選手たちは時間通り来なければならない。以上。時間通りと言ったら、時間通り。5分前集合がルールだ」コフリン監督はそう答えたのだ。

このルールは記憶に残るものか？　合格。「なぜ？」と問わせるものか？　選手全員もニューヨーク・タイムズ紙も「なぜだ？」と首をひねっていた。つまり、合格。毎日使うものか？　もちろん。どこかに集合するときはいつもこのルールに従わなければならない。だが、コフリン監督の狙いは何だったのだろう？

それから11年のあいだに、コフリン監督率いるジャイアンツは、スーパーボウルで2度の優勝を果たす。控えのクオーターバックだったライアン・ナッシブは、ウォール・ストリート・ジャーナル紙に、コフリンルールがチーム文化にどう影響したかを話していた。

コフリンルールは、どちらかというと心構えというか、ある意味で選手を自制させる方法なんだ。時間を守り、集中し、ミーティングがはじまる時間にはもう準備を済ませてるのが当たり前だと思わせるやり方だ。悪くない習慣だと思う。実社会に出ても、なんでも5分前に準備できるようになるからね。

ビジネスにおいて、パートナーシップを成功させるのはとても難しく、微妙なさじ加減が必要になる。マイクロソフトとインテルの提携、シーベル・システムズとアクセンチュアの提携といった成功談は伝説にもなっているが、ひとつの成功の陰には無数の失敗がある。社内の人間でさえ同じ方向を向くのが難しいのに、違う企業が同じ方向を向くのは不可能に近い。

「ウィン＝ウィンの関係」というコンセプトは、1980年代にビジネス書でもてはやされていた。残念ながら、このコンセプトは抽象的すぎた。ある取引がウィン＝ウィンかどうか、どうやったらわかるのか？　どうしたら、フィフティ・フィフティだと判断できるのだろう？しかも、その実現には文化面での調整が必要なのに、そのことについてはなんの説明もない。企業文化が「勝つ（ウィン）」ための道具なら、ウィン＝ウィンの姿勢になるにはどう行動を変えればいいのか？　さらに、「ウィン＝ウィン」の意味はどうにでも取れる。ずる賢い人がよく交渉で口にするのが、「ウィン＝ウィンを望んでいる」という言葉だ。

1998年、ダイアン・グリーンは仮想オペレーティング・システムのVMウェアを共同創業した。この会社が成功するかどうかは提携がうまくいくかにかかっていた。しかし、折しもこの分野で提携の大失敗事例が起きたばかりだった。デスクトップのOS事業でIBMと提携したマイクロソフトが、IBMを押しのけてひとり勝ちを収めていたのだった。VMウェアのような独立系OS企業が「ウィン＝ウィン」の関係を持ちかけても、相手は警戒するばかりだろう。

そこでグリーンは、ショッキングなルールを思いつく。49対51の提携とし、VMウェアの取り分を49にするというルールだ。では、自分たちが負けてもいいということなのか？　このルールにはもちろん、「なぜ？」と思わせる効果があった。

グリーンは言う。「事業開発部門の人たちに、提携相手によくしてあげていいのだと伝えたかったんです。一方的な提携ではうまくいかないから」

このルールに抵抗する人はなく、むしろほっとする人のほうが多かった。グリーンの部下たちは、お互いが得をするような関係を築きたがっていたし、このルールのおかげでそれを実践する土台ができた。もちろん、50対50や「ウィン＝ウィン」と同じで、49対51の配分を正確に測るのは難しかったものの、社員はルールの背後にある意味を理解した。「ぎりぎりの交渉の場合には、譲歩しても大丈夫」ということだ。VMウェアはその後、インテル、デル、HP、IBMといった大企業と次々と提携を結び、おかげで企業価値は600億ドルにもなった。

大企業の中でも最も際立った文化を持つのはアマゾンだ。アマゾンは14カ条の企業理念をさまざまな方法で社内に浸透させているが、中でも最もインパクトがあるのはいくつかのショッキングなルールだろう。たとえば、質素倹約という理念はこんなふうに定義されている。「少ないリソースでより多くを成し遂げること。制約はリソース活用や自立心や発明のきっかけになる。頭数や予算規模や固定費を増やしても手柄にならない」

確かにいい定義だが、ではどう実践するのだろう？　やり方はこうだ。アマゾンでは量販店から安いドア板を買ってきて、それに脚を釘付けにしてデスクとして使っていた。とても使いやすいとは言い難い。間に合わせのデスクにショックを受けた新入社員が、「どうして？」と聞くと、この会社の文化をこれ以上ないほどに表す答えが返ってきた。「節約できるものはすべて節約して、ユーザーに最安値で最高のプロダクトを提供したいから」（今はさすがにドアをデスク代わりにはしていない。節約の文化が浸透し、もっと安い机が手に入るようになったからだ）

アマゾンの企業理念の中には、かなり抽象的なものもある。たとえば「深く潜れ」という理念だ。これは、すべての業務に精通し、細かい点にいつも気を配り、頻繁に業務を見直し、数字や証拠が合わない場合には厳密に調査しなさいという意味だ。

たしかに見上げた理念だが、こうした隅々への気配りを文化に織り込むにはどうしたらいいのだろう？　「会議でパワーポイント禁止」というショッキングなルールが助けになる。プレゼンテーションが最重要とされる業界で、このルールは間違いなく衝撃的だ。アマゾンで打ち合わせを開く際は、まず短くまとめた文書を準備して議論すべき問題と自分の意見を説明することになっている。ミーティングがはじまってから全員が黙って文書を読む。そうやって、全員が背景説明を共有した上で、議論がはじまる。

アマゾン幹部のアリエル・ケルマンは、このルールによって会議が効率的になると言う。

複雑なことを話し合わなければならない場合、参加者の頭の中にできるだけ早く情報を取り込んでもらうほうがいい。すると、今しなくてはならないビジネス判断について、知的で事実に基づいた会話ができる。

たとえば、新製品の価格を決めたいときには、コスト構造を説明し、固定費と変動費がいくらかを話し、それから3種類の価格設定についてそれぞれ長所と短所を説明することになる。これだけでもかなりの情報量だ。これだけの情報量をじっと座って聞き、すべてのデータをきちんと吸収するとなると時間がかかるし、誰もずっと集中して聞いていられない。人の脳は、聞くより読むほうが何倍も速く新しい情報を吸収できることが研究でもわかっている。しかも、計画を文書にすることで、一段深く詳細を共有することができる。

文化とは一連の行動にほかならない。ミーティングのたびに考え抜いた行動を要求することで、アマゾンは日々その文化を正しい方向に向けている。

フェイスブックの創業当初から、マーク・ザッカーバーグは、自分たちのネットワークへの参加者が多ければ多いほど、その価値も上がることに鋭く気づいていた。はるかにユーザー数の多いマイスペースを追い越すには、優れたソフトウェアをつくるしかない。つまり、機能がよく、使い勝手がよく、新規ユーザーの獲得に優れたソフトが必要になる。あまり時間は残されていないことが、ザッカーバーグにはわかっていた。マイスペースがマススケールに達すれば、単なる暇つぶし用のサービスから無敵のインフラになってしまう。

スピードを最優先に考えたザッカーバーグは、ショッキングなルールをつくる。

「素早く動き、破壊せよ」

はじめてそう聞かされたエンジニアは、どう思うだろう？　破壊するって？　つくり出すのが仕事では？　ザッカーバーグはどうして壊せなんて言うんだろう？　革命的なプロダクトを思いついたとき、既存のコードを不安定にしても推し進めるべきかどうか自信がなかったら？そんな時に、前に進めとザッカーバーグは示したのだった。素早く動くのはいいことだ。その結果たとえ何かを破壊しても許される。のちにザッカーバーグは、このルールはフェイスブックが何を求めているかを示しただけでなく、そのために何を犠牲にする意思があるかを示したからこそ、効果があったのだと話していた。

フェイスブックがマイスペースに追いつき、さらに追い越すと、新たなミッションができた。そのひとつが、ソーシャルネットワークをプラットフォームへと進化させることだ。すると、素早く動くことは利点でなく欠点になってしまう。外部開発者がフェイスブックのアプリケーションを開発しようとしたが、土台のプラットフォームがしょっちゅう壊れていたので、開発会社のビジネスに支障が出た。そこで、２０１４年にザッカーバーグは、当時有名になっていたルールを、退屈だがそのときの自分たちにふさわしいモットーに入れ替えた。それが「インフラを安定させたまま、素早く動け」だ。文化はミッションに合わせて進化し続けなければならない。

２０１２年にマリッサ・メイヤーがヤフーのＣＥＯになったとき、ヤフーは社員の必死さが足りない企業だと思われていた。前職のグーグルと戦うためには、社員たちの一層の努力が必要だということは明らかだった。メイヤーはまずみずからが手本になり、長時間休まずに働き続けた。それでも、出社すると駐車場はいつもがらがらだった。

そこで、2013年にメイヤーはショッキングなルールをつくった。あまりに衝撃的だったので、社内ばかりか社外からも大反発が起きたほどだった。それは、「勤務時間中は会社にいなければならない」というルールだ。在宅勤務は禁止になる。とはいえ、これはテクノロジー業界の話だ。人々が自宅で働けるためのツールを開発してきた業界なのだ。世間が怒り狂う中で、メイヤーは冷静にその理由を説明した。在宅勤務の社員のアクセスログを調べてみたところ、誰も仕事のファイルにアクセスしていないことがわかったのだ。つまり、「在宅勤務」のはずが実際には働いてないことがバレたのだった。

メイヤーが人々にショックを与えたのは、企業文化を劇的に変える必要があったからだった。メイヤーはヤフー文化に勤勉さを取り戻すことには成功したが、結局立て直すことはできなかった。文化とは、本質的にそういうものだ。今やっていることをもっとうまくやる助けにはなっても、戦略を立て直したり、強力なライバルを倒したりする助けにはならないのだ。

服装を整える

2014年にゼネラル・モーターズのCEOになったメアリー・バーラは、社内の強力な官僚制度を解体しようと決めていた。官僚制のせいで社員は息苦しく、管理職は力を奪われていた。上司は部下と話し合ったり導きを与えたりするよりも、何事にも厳密なルールに従って仕事をこなしていた。10ページもある服装規定はその最悪の例だった。既存体制を揺り動かして文化を変えるために、バーラは10ページを一言に減らした。それが「適切な服装をする」というルールだ。

バーラはこのルールについて、あるカンファレンスでこんなふうに話していた。

人事部が文句をつけてきたんです。表向きは「適切な服装をする」でいいかもしれないけれど、従業員規定ではもっと細かい指示が必要だってね。たとえば、「不適切なロゴや誤解を招く言葉がプリントされたTシャツは不可」といった規定を入れろと言うんです。

バーラは頭をひねった。

「Tシャツに適切も不適切もある？」バーラは笑いながら、聴衆に問いかけた。

結局、こう言ったんです。「一言のままでいいわ。変えません」

それがきっかけで、これまで知らなかったこの会社のことがわかったんです。

そのあとすぐ、バーラは幹部社員からメールを受け取った。

その幹部社員は、「服装規定を改善してほしい。これでは足りない」と書いてよこしたんです。だから、彼に電話をしました。もちろん彼はちょっと驚いてましたけどね。そして、なぜこの服装規定じゃだめなのか教えてほしいと頼んだんです。

するとと、彼の部下のなかには突然政府の役人に呼び出される人もいるから、そのためにきちんとした服装をしていなければならないと言うんです。

「わかったわ。チームで話し合ってみてちょうだい」と彼に言いました。その幹部社員はGMではよく知られたリーダーで、社内でも数百万ドル単位の予算規模を持つかなり重要な部門の責任者でした。その彼が数分後に電話をかけ直してきて、こう教えてくれました。「部下たちと話し合い、アイデアを出し合って、時々政府の役人と会う4人の社員はスーツのズボンをロッカーに入れておくことにした」ってね。一件落着したわけです。

服装規定の変更は、頭に残る視覚的なメッセージとしてGMの経営陣全体に伝わった。上司は部下を見るたびに、「適切な服装か?」と考えてしまう。もし適切でなければ、どう指導するのが一番いいだろう?　こうした微妙な話題をきちんと話し合えるほど、その部下といい関係が築けているか?　この新たな規定によって管理職は権限を与えられ、同時に部下を管理する責任も負ったのだ。

マイケル・オービッツが、ハリウッド随一のクリエイティブ・エージェンシーであるCAAを経営していたときも、はっきりと服装規定は決めていなかった。だが、暗黙のルールは間違いなくあった。「1970年代半ばの世の中は、みんながジーンズとTシャツを着ていた60

年代文化の名残りがあった」とオービッツは言う。「だから、そこを逆手に取ろうと思ったんだ」オービッツの服装は、彼が追い求めた権力を象徴するものだった。「上品なダークスーツで部屋に入ると、優位な立場に立てるんだ。人に尊敬されたければ、大物にふさわしい格好をするべきだ」

オービッツは毎日上品なダークスーツを着こなして、周りの手本になった。部下に自分を見習えとはっきり言ったことはない。とはいえ、服装のだらしない社員は許さなかった。「ロスで土砂降りの雨が降った日に、長靴にジーンズ姿で出社したエージェントが何人かいた。その中のひとりに近寄って、こう言ったんだ。『素敵な服じゃないか？　今日は撮影現場で仕事かい？』そしたらほかのエージェントもみんなビビってた」

オービッツは究極の選択を突きつけたのだ。お前は胴元か、カモか？　一流のエージェントか、ただの俳優志望か？　このオービッツの無言のプレッシャーによってCAAではほぼ全員がパリっとしたスーツに身を包むようになった。「唯一の例外は音楽事業部だった。ミュージシャンはスーツの人間が嫌いだからな」とオービッツは冗談半分に言っていた。

服装が文化に与えた影響は大きかった。

それが、この会社の社風の一部になった。社員はみな上品で、優雅で、伝統を重んじるビジネスパーソンだ。口で説明しなくても、理想の社員像がパッと見てわかった。文化を通して我々はビジネスを築き、文化によって周囲に尊敬される存在になった。

服装という一番目に見えることが、組織行動を変える一番大切な目に見えない力になることもある。オービッツはこうまとめている。「文化は見えるものよりむしろ見えないものによって形づくられる。意志あるところに文化はある」

外部からリーダーシップを取り入れる——なんだクソ野郎！

ラウドクラウドを経営していた頃、生き残りのために勢いあるクラウドサービス企業から泥くさいエンタープライズソフトウェア企業への転身を迫られた。２０００年代のはじめにドットコムバブルが弾け、無限にも見えたクラウドサービスの市場は一気に姿を消した。オプスウェアと社名を変えて新会社として転身を図ったものの、ブレードロジックというライバル企業にコテンパンにやられていた。ブレードロジックと闘うには、大胆な文化改革が必要なことはわかっていた。

ラウドクラウドを立ち上げたときには、ユーザーから引く手あまたで、需要に追いつくことを最優先に文化をつくった。だから、権限を委譲し、成長の障害になるものを取り除き、働きやすい職場にすることに力を入れた。だが、エンタープライズソフトウェア企業として成功するには、つまり大企業に我々のプラットフォームを売り込むには、危機感と猛烈さと正確さの際立つ文化をつくらなければならない。そして、そんな特徴を持つリーダーを外から雇い入れる必要があった。

営業部長として採用したマーク・クラニーは、わが社のメンバーとは文化がまったく違っていた。むしろ、まったく合わなかった。わが社のほとんどの社員は西海岸出身で無宗教の民主党支持者だったし、服装もカジュアルで人当たりがよく気楽な性格だった。そのうえ、みんなが善意で行動すると思い込んでいた。だが、クラニーはボストン出身でモルモン教の共和党支持者で、スーツとネクタイを身につけ、誰に対しても疑り深く、この世界で最も負けず嫌いな人間でもあった。そのクラニーが、ここから4年で会社を救ってくれたばかりか、信じられない結果を出してくれたのだった。

私たちがクラニーを雇ったのは必然だった。彼は危機感の塊で、この分野のノウハウがあり、規律の鬼だった。だが、なぜ彼が私たちのところに来てくれたのかは謎だった。私たちが負けそうなことはわかっていたはずだし、実際にのんびり屋の社員たちは負け犬と呼ばれてもおかしくなかった。それならどうしてリスクを取ってくれたのだろう？　やっと最近になって、その理由を本人に聞いてみた。彼の答えに、わたしはあっと驚いた。


俺は東海岸にあるPTCという会社で昇れるところまで昇り詰めた。だが、トップは身内で固めていたんだ。ボストンで40近い営業職を見てみたが、どれもピンとこなかった。

オプスウェアの採用担当者が何度か電話してきたので、電話を返してこう言った。「俺はカリフォルニアなんか行かないぞ。不動産はバカ高いし、文化はクソだし、営業マンは屁とも思われてないからな。あんたらがブレードロジックからなんて呼ばれてるか知ってるか？アホウェアって呼ばれてるんだぞ。俺をバカにしてんのか？」

それでも、採用担当者が何度も連絡してくるから根負けして、こう言ったんだ。「わかった。ならマークとベンには会ってやってもいいが、それだけだぞ」（マーク・アンドリーセンとベン・ホロウィッツはオプスウェアの共同創業者だった）。それなのに、サンフランシスコに着いて携帯を見たら、チームのみんなと面接することになってたじゃないか。

ムカつきながら会社に着いたら、あんたが仕切りから出てきた。なんだよ、仕切り机かよ。やっぱりな。なよなよの兄ちゃんたちの甘っちょろい仲良しクラブだなって思った。開発部門はそれでもいいが、営業とマーケは毎日が戦争だからビシっとしてなくちゃ困る。それに、会議室の名前ときたら、ソルト・ン・ペパーとか、ノトーリアスB・I・Gとか、ふざけてんのかって感じだった。それがラッパーの名前だってことに気がついて、まいったなと思ったよ。

２人で椅子に腰を下ろして、こう聞いたよな。「ベン、面接の前に採用プロセスと採用基準を教えてくれ。これだけみんなと面接して、みんなであーでもないこーでもないって話し合うのか？　そんなことだから、勝てないんだ」そしたら、あんたが立ち上がって言ったんだ。「なんだよクソ野郎、俺がCEOだぞ。決めるのは俺だ」ってね。「なんだよクソ野郎」って言われて、ちょっと待てよと思った。結構合うかもって思ったんだ。

私はあっけにとられた。そんなことで？　「クソ野郎」が決め手？　奇妙だと思ったが、同時に深い意味を感じた。あの瞬間に、私が心を開いてありのままのクラニーを見ようと思い、彼の文化に合わせたことで、彼も心を開いて私たちに賭ける気になったのだ。

私たちは絶妙のタイミングでクラニーを採用できた。オプスウェアには企業セールスの文化がなかったばかりか、企業セールスの土台が何もなかった。営業哲学も、営業手法も、営業姿勢もなかったのだ。商売を取ってくる方法や、自分たちを際立たせるやり方や、負けをよしとしない姿勢が、私たちには必要だった。

クラニーは、そのすべてを兼ね備えていた。まず彼の哲学だ。営業は売り込むか、売り込まれるかだとクラニーは信じていた。相手にプロダクトを買ってもらえないということはすなわち、相手が買わない理由をこちらが受け入れるということだからだ。

クラニーは、営業チームの8人の営業担当者に、大切な4つのCを教え込んだ。

1　能力がある（コンピタンス）——プロダクトの専門知識があり、知識を証明するプロセスがなければならない（相手のニーズと予算を調べて買い手になれることを確認し、購買基準を一緒に決めてあげ、同時にライバルを罠にはめ、相手の社内の技術者や購買部にも気に入られるなど）

2　自信を持つ（コンフィデンス）——自分の視点を堂々と打ち出すこと

3　勇気を持つ（カレッジ）

4　信念を持つ（コンビクション）

売り込みに成功するにはこの4つが必要であり、これがあれば、相手から買わない理由を説得されることはない。クラニーは、営業担当者全員を訓練し、実践させ、この4つのCを徹底することにこだわった。

クラニーにとって営業はチームスポーツだった。そう言うと、和気あいあいのように聞こえるが、とんでもない。ほとんどの営業担当者は、「オズの魔法使い病」にかかっているとクラニーはよく言っていた。勇気がないか、脳みそがないか、心がないから、ひとりでは成功できないということだ。そこで、プロセスとチームが役に立つ。営業チームではメンバーそれぞれに決まった役割が与えられた。技術を売り込む役、組織の調整役、契約を結ぶ役などだ。それぞれが自分の役割を完璧に果たせなければ、成約はおぼつかない。クラニーのやり方はすぐに効果を上げはじめた。入社してから9カ月で営業担当者は30人に増え、成約率は40パーセントの前半から80パーセントの半ばまで上がったのだ。

営業はアメリカンフットボールのようなものだと考えていたクラニーは、時計と得点表から目を離さなかった。彼の危機感と、チームの足を引っ張るメンバーを容赦しない姿勢のせいで、チーム内で衝突が起きたこともいちどや2度ではない。入社して間もない頃、クラニーはクライアントのフェデックス本社での実証実験に付き添うため、テネシー州メンフィスに飛んだ。フェデックスの社内環境に私たちのソフトウェアをインストールしてみて、提案通りに彼らのサーバーを管理できるかどうか確かめるためだ。ネットワーク機器の種類やサーバーやソフトウェアに極端な違いがあるため、クライアント企業での実証実験は複雑でストレスの大きな作業だ。今回の実証実験を担当していたのは、チップ・スターキーだった。スターキーは社内で最も優秀なフィールドエンジニアのひとりだ。クラニーはスターキーに、担当営業のマイクはどこだと聞いた。すると、「彼は実証実験に立ち会ったことなんてありませんよ」と言う。クラニーは携帯を取り出した。

クラニー：今日はいい運動ができたかい？
マイク　：ええ、8キロ走りましたよ。
クラニー：そりゃよかった！　これからはもっと運動する時間ができるぞ。クビだからな。

クラニーが入社して2カ月も経った頃、取締役のサイ・ローンから電話がかかってきた。ローンは取締役会でガバナンス委員会の会長を務め、内部告発制度の設計を手伝ってくれた人物だ。彼は優れた弁護士で、証券取引委員会の法律顧問も務めていた。

ローン：ベン、ちょっと気になる手紙を受け取ったんだ。
ベン　：（かなりぎくっとして）中身は？
ローン：ローン様へ　オプスウェア社の内部告発手続きに基づき、窓口である貴殿にご連絡を差し上げます。私は先日御社で採用面接を受けました。その折の体験を報告いたします。オプスウェアのみなさんは非常にプロ意識が高く、親切で、礼儀正しく対応してくださいました。ただし、マーク・クラニー氏だけは違っていました。私のこれまでのキャリアの中で、あれほどプロ意識のかけらも人間らしさもない振る舞いをされたのは、はじめてです。クラニー氏を即刻解雇することを求めます。どうぞよろしくお願いいたします（告発者保護のため差出人の名前は除く）

ベン　：細かい話はなし？
ローン：これだけだ。
ベン　：どうしたらいい？
ローン：調査したほうがいいな。それからまた話そう。

私は人事部長のシャノン・シュルツに連絡した。シュルツは、普通の人事のプロとは違って、社内政治にクビを突っ込まなかった。まるで忍者のように、目的完遂まで誰にも知られず動いてくれる。シュルツにはこう頼んだ。「クラニーの一件を調査してほしい。くれぐれもクラニーが疑心暗鬼にならないように気をつけてくれ。もしクラニーに聞く必要がある場合は最後にしてほしい」「わかりました」とシュルツは言った。

3日後にシュルツが報告にきた。彼女は、告発者も含めて、関係者全員に話を聞いていた。意外にも、クラニー自身にはもちろん、社内の誰にもこの調査については知られていなかった。

「悪い話はすべて教えてくれ。隠し事はなしだ」と私は言った。「まず、いい知らせから。全員の話が完全に一致しています。クラニーに確認する必要はありませんでした。何が起きたかわかりましたから」驚いた。これまでの内部調査で話が一致することなどなかったからだ。シュルツはこう教えてくれた。

あの手紙の主は、内勤営業の経験はあったのですが、外勤はあまりやったことがありませんでした（企業セールスでは外勤のほうが偉いとされている）。いろいろな人と面接をしてから、最後にクラニーとの面接がありました。はじまってから5分でクラニーは「もういい」と打ち切ったそうです。その候補者が仕切りを出る前に、クラニーは履歴書をくしゃくしゃにしてゴミ箱に放り投げたんです。それから、まだ候補者が近くにいるのに、仕切りから顔を突き出して、採用担当者にこう怒鳴ったそうです。「あんなよっちいクソ野郎を俺のところによこすんじゃねぇ」

どうしたものだろう。強烈な負けず嫌いの文化をつくりたいと思ってはいたものの、さすがにやりすぎたのか？　そうかもしれない。でも今は戦時だし、この会社には荒々しさが必要だった。取締役のサイ・ローンに電話して意見を聞くことにした。ローンは顛末を聞いて、「とんでもないな」と言った。「クビにしないといけないかな？」と聞くと、「いや、そこまではしなくていい。ただし、クラニーと話して、防音の個室を与えたほうがいいな」

私たちは、インテル初期の文化をまねて平等主義を掲げていた。私を含めて全社員が仕切り机で仕事をしていた。ローンのアドバイス通り、私はクラニーと腰を下ろしてじっくりとこの一件を振り返り、彼が会社にも彼自身にもリスクになっていることを説明した。クラニーはわかってはくれたものの、人間は簡単には変わらない。そこで、社内ルールを破って、クラニーに個室を与えた。そうすれば、彼が口を滑らせても、というかまた口を滑らすのは確実だったし、そうなっても外に漏れることはない。平等より生き残りのほうが大事だった。

クラニーを採用したときに5000万ドルだった企業価値は、ヒューレット・パッカードに売却した4年後には16億5000万ドルになった。それはブレードロジックの売却額の約2倍の金額だった。クラニーがもたらした文化的要素が、大きな価値をもたらしたのだった。

ルーベルチュールがフランスとスペインの将校を奴隷軍に引き入れたとき、兵士たちがどう反応したかについて知る術はないが、とんでもない軋轢があったことは間違いない。外からリーダーシップを取り入れると、もともといた人たちはとても居心地が悪くなる。それがまさに、文化の改革なのだ。

何が最優先かを行動で示す

1986年、リード・ヘイスティングスは24歳で、高校で数学を教えていたが、コンピュータを使う仕事がしたいと真剣に考えていた。そのきっかけを掴むために、シンボリックスという会社にお茶汲みとして入社した。シンボリックスはドットコムのつくドメインを世界ではじめて登録した会社で、ＬＩＳＰというプログラム言語を開発していた。ＬＩＳＰはＣ言語と比べて、すっきりしていて使いやすかった。ＬＩＳＰならプログラマーはメモリの管理から解放される。当時、メモリの管理はおそろしく時間をくう作業だった。ＬＩＳＰを走らせるには専用のマシンを開発する必要があった。ヘイスティングスはお茶汲みの仕事がない時間に、このシンボリックスマシンのプログラミングを学んだ。

ヘイスティングスはその後、スタンフォード大学の大学院でコンピュータサイエンスを学ぶことになるが、ここではＣ言語に逆戻りしなければならなかった。いらだったヘイスティングスは、もっと賢くメモリの管理ができないものかと考えはじめ、ＬＩＳＰを改善していつでも使えるようにしようと考えた。そうするうちに、これまでよりはるかに簡単にＣ言語をデバッグするテクニックを発見した。

当時、一番厄介なバグは「メモリリーク」だった。メモリリークとは、プログラマーがメモリを一時的に何かに割り当てたあとで、もとに戻すのを忘れてしまったときに起きるバグだ。ユーザーが想定外の使い方をしたときにしかメモリリークは起きないので、再現と修復が非常に難しく、しかもそのあいだコンピュータは動かなくなる。

ヘイスティングスは、メモリリークを検出する方法を編み出し、この発見をもとに１９９１年にピュア・ソフトウェアという会社を立ち上げた。この会社のピュリティというプロダクトはソフトウェア開発の環境を劇的に改善し、ヒット商品になった。

しかし、ヘイスティングスは経営や文化にまったく注意を払わなかった。そして社員の頭数が増えていくにつれ、社員の士気はガタ落ちしていく。社内の士気が落ち過ぎて、ヘイスティングスは自分から取締役会にCEOの交代を申し出たほどだった（この提案は却下された）。社内で文化の問題が起きるたびに、それを修正するためのプロセスが設けられた。それはまるで半導体の歩留まりを改善しようとしているようだった。大量のルールで行動を縛り、すべてのエラーを取り除こうとしたため、自由な発想や取り組みが減り、創造性が失われてしまった。ヘイスティングスは同じ間違いは2度としないと心に決めた。

ピュアは1995年に株式上場を遂げ、1997年に5億ドルでラショナル・ソフトウェアに売却された。そこで得た資金を元手にヘイスティングスが立ち上げた会社こそ、ネットフリックスだ。

プログラミングの天才のヘイスティングスがなぜ、メディア企業を立ち上げたのだろう？

スタンフォード時代にとった授業で、ヘイスティングスはあるコンピュータネットワークの帯域幅を計算させられた。この授業で取り上げたネットワークはステーションワゴンのようなもので、バックアップディスクを詰め込んだトランクをアメリカ中に運んでいるようだとヘイスティングスは思った。この珍しい事例を研究したことで、ネットワークへの考え方ががらりと変わった。

1997年にヘイスティングスは友達からDVDを見せられた。すごい！　これこそステーションワゴンじゃないかとヘイスティングスは思った。たった32セントで5ギガの動画を送れるなんて高速広帯域ネットワークも顔負けだ。そこで、郵便網を使って映画を届ける会社を立ち上げた。

もちろん、いずれは本物の高速広帯域ネットワークが郵便にとって代わり、インターネットでコンテンツを配信できるようになるのはわかっていた。だからこそ、社名をメールDVDではなくネットフリックスにしたのだ。だが、1997年にはまだ、インターネットがそこまで追いついていなかった。画像はきれぎれで飛んでいたし、動画は見られた代物ではなかった。

そこでまず、ネットフリックスはブロックバスターやウォルマートと競合する、DVD郵送会社になったのだ。ヘイスティングスと経営陣がはじめてユーチューブを見たのは2005年のことだった。画質は最高とは言えなかったが、メニューから動画を選んでクリックすれば、すぐに見ることができた。

ネットフリックスが動画配信を開始したのはその2年後だ。当時を振り返って、動画配信事業に参入したこと自体は大したことではないとヘイスティングスは言っている。新規事業に参入するだけならどんな企業にでもできるし、実際にやっている。そんなことはビジネススクールで誰でも教わる。大変なのは、新規事業を自分たちのコアビジネスにするつもりではじめることだ。それをやっている会社はほぼ皆無だった。ネットフリックスの高い顧客満足度と高利益の文化は、DVDの郵送事業に依存していた。

2010年、それなりに十分なコンテンツが集まったと判断したヘイスティングスは、DVDの郵送サービスのなかったカナダで動画配信サービスを実験をすることにした。すると3カ月での獲得目標としたユーザー数に、3日で到達した。動画配信の時代が来たのは明らかだった。でも、どうしたら動画配信を核にしたグローバル企業へと飛躍できるだろう？　もちろん、はじめは配信とDVDを抱き合わせて提供することになる。だがその次はどうする？　未来へと一足飛びに向かうにはどうしたらいいのか？　社内でこの一番大切な話題を話し合うと、かならずDVD事業をどう最適化するかという議論に戻ってしまっていた。

ヘイスティングスは何を最優先したいかを社内に示すため、厳しい決断を下した。毎週の経営会議から、DVD事業の幹部をひとり残らず追い出したのだ。「あれは、この会社を築く上で一番辛い瞬間のひとつだった」ヘイスティングスはのちにそう語っている。「彼らのことが大好きだったし、彼らと共にここまで成長してきたし、今大切なことのすべてを彼らが担当してる。だけど、動画配信の議論にはまったく貢献していなかったんだ」

ヘイスティングスは以前から、動画配信専業の会社がネットフリックスに追いつくのではないかと警戒していた。配信専業の会社では、会議にDVD事業の幹部はいない。だとしたら、ネットフリックスもそうすべきだ。

売上のすべてをもたらしてくれている忠実なチームを重要会議から締め出せなんて、どんな経営書にも書いていないはずだ。だが、ヘイスティングスは文化を正しい方向に向けることが、そのほかの何より優先されるべきだと理解していた。コンテンツと物流に価値を置く文化から、コンテンツとテクノロジーに価値を置く文化への移行が必要だったのだ。文化を変えると、労働時間から報酬体系まで、すべてに影響が出る。だが変えなければ、ブロックバスターのようになってしまう。なお、ブロックバスターは2010年に倒産している。

ルーベルチュールは、農業優先と口で説くだけではそうはならないことを知っていた。農業が「最優先」であることを証明するような劇的な何かが、みんなの記憶に残る行動を取る必要があった。それが、農園の奴隷所有者を許し、さらに土地を所有させ続けることだったのだ。これほど明らかな指示はない。それと同じで、動画配信サービスが大事だと口で言うだけでは、効果はない。ヘイスティングスは行動で示さなければならなかった。

おかげで、ネットフリックスは目覚ましい進化を遂げた。2010年当時、ネットフリックスはマスコミにばかにされていた。「アルバニア軍が世界を征服すると言ってるようなものだ」タイムワーナーのジェフリー・ビュークスはそう嘲笑した。「ありえないと思うがね」現在、ネットフリックスの時価総額は1500億ドルを超えている。AT&Tがタイムワーナーの買収に使った金額のおよそ2倍になっているのだ。

言行を一致させる

2016年のアメリカ大統領選挙は衝撃的なスキャンダルの暴露合戦になった。ドナルド・トランプが何度も会社を倒産させ、従業員を劣悪な条件で働かせ、エンタメ番組の収録準備中になな女性蔑視のわいせつ発言をしていたことが、メディアによって暴かれた。だが、選挙の行方に一番大きな影響を与えたのは、ヒラリー・クリントンのメール問題だった。ヒラリーが機密メールの取り扱いを誤っていたというニュースは大きく取りざたされ、あげくの果てに共和党大会では「牢屋にぶちこめ」の大合唱が起きたほどだった。彼らは、ヒラリーをスパイ活動などの犯罪で捕えろと叫んでいた。法執行機関はヒラリーの行為をまったく犯罪とは考えていなかったが、政治的なダメージは計り知れなかった。

国務長官だったヒラリーは、政府のシステムではなく個人のサーバーを使ってメールのやり取りをしていた。だから、機密文書がヒラリーから敵国に漏れていたに違いないと政敵から批判を受けていた。ヒラリー自身も友人たちも、単に便利だったから個人のサーバーを使っていただけだと言っていた。それに、なんと言ってもジョン・ケリー以前の国務長官で政府のメールアドレスを使っていた人はいなかった。コリン・パウエルはAOLのアカウントを使っていたほどだ。

複数の携帯端末で複数のメールアカウントを管理している人なら、ヒラリーがなぜそうしたかは納得できるはずだ。FBIの捜査官も、ヒラリーの個人アカウントでは「機密」扱いに分類されたメールはやりとりしていなかったという説明を受け入れた。だが、ヒラリーのメール問題はこれで終わらなかった。

選挙日の間近になって、ロシアが民主党のメールアカウントをハッキングし、ヒラリーの選挙対策本部長を務めるジョン・ポデスタのアカウントからお宝を掘り出したのだ。民主党本部へのハッキングとそこから次々と漏れ出したメールの影響で、大統領選がドナルド・トランプに傾いた可能性はある。では、ロシアはどんな手を使ったのだろう？　これは大がかりなサイバー犯罪だったのか？

サイバーセキュリティ専門のオンラインメディア、サイバースクープは、事件をこう報道していた。

ポデスタのメールが盗まれたのは、パスワードが甘かったからではない。グーグルをかたるなりすましメールにひっかかったからだ。すでにアカウントがハックされたとして、ポデスタの個人情報を尋ねてきたのだ。相手の焦りにつけ込もうとする、ありふれた手法だった。アカウントが盗まれたとだまして、相手に考える隙を与えずに怪しいリンクをクリックさせるのは、ハッキングの常套手段だ。

言い換えると、アカウント保護のためと偽ってリンクをクリックさせるという最もありふれた単純な手法に、ポデスタはだまされたのだった。インターネットセキュリティについて初歩的な記事を読んだことがあれば誰でも、最初に教わるルールがこれだ。「知らないリンクをクリックしてパスワードを入れるな」まともな企業なら、絶対にそんなメールはよこさない。ならば、どうしてだまされてしまったのだろう？

公式の発表によると、ポデスタはこの怪しげなメールを選対のIT担当者に転送し、本物かどうかを尋ねた。その担当者は選対幹部のチャールズ・デラバンに、なりすましだと教えた。それなのに、デラバンがポデスタへのメールを書き間違い、「本物のメールなのでパスワードをすぐに変更するように」と伝えてしまったらしい。そんなことがありえるだろうか？　自殺ホットラインの相談係がうっかり、薬を瓶ごとテキーラで一気飲みするように勧めてしまうのと同じじゃないか？

そんなわけで、事の発端は、メディアや民主党が餌食にできないような下っ端のスタッフのせいということになった。さて、どうしたものだろう？　ただ、この話が責任逃れかどうかは、実はどうでもいいことだ。大切なのは、ロシアがポデスタのメールを盗み、知られたくない話がたくさん明るみに出たということだ。たとえば、ディベートの質問を事前に教えてもらっていたことや、メール事件に関して司法省から不適切な情報を受け取っていたことや、２０１２年のベンガジ襲撃事件の公聴会を笑いのネタにしていたことも、表に出てしまった。

ヒラリーが２０１６年の大統領選について書いた、『WHAT HAPPENED　何が起きたのか？』（光文社）では、彼女が私的メールを使ったことへの疑惑の上に、ポデスタのメール漏洩事件が重なって事態が悪化したとされている。当時ＦＢＩ長官だったジェームズ・コミーが、選挙のわずか10日前に議会に対してメール疑惑を再燃させるような書簡を公表したことも、火に油を注いだ。ヒラリーはこう書いている。「コミーの書簡とロシアのハッキングが重なり、ダブルパンチを受けた」

ヒラリー陣営はなぜここまで無防備だったのだろう？

ヒラリー支持者（私もそうだった）でも反対派でも、彼女が経験豊富で能力のある人物だということは、ほとんどの人が認めるところだ。ヒラリーの選挙対策本部では、すべてのスタッフにセキュリティにくれぐれも気をつけるよう、はっきりと指示されていた。2015年3月末には、FBIの捜査官が選対本部にやってきて、外国政府が詐欺メールを仕掛けてくる可能性があることを、管理者たちに警告していた。すべてのスタッフはメールアカウントに2要素認証を求められ、なりすまし攻撃についての研修を受けた。ポデスタがどちらかの指示に従っていれば、なりすましにひっかかることはなかったはずだ。この両方を合わせた手順が、セキュリティ対策の要《かなめ》になっていた。

しかし、このやり方には穴があった。2要素認証が求められていたのは仕事のメールだけだったのだ。ところがなりすましメールはポデスタ個人のアカウントに送られていた。ここで、これまでの習慣から、大量の最高機密メールを個人アカウントでやりとりしてもいいとポデスタが考えていたとしても不思議はない。とすると、すべてが腑に落ちる。

ヒラリーが「メールのセキュリティなんてどうでもいい」などとポデスタに言ったことはただの一度もない。言うはずがない。だが、ヒラリーの考えよりも行いがまさった。選挙対策本部がハッキングを防ぐためにあらゆる手を打っても効果はなかった。ポデスタはヒラリーの言葉ではなく行動をまねたからだ。「セキュリティは万全に」と口では言っていても、その行いが「個人の利便性のほうが大切」だと語っていた。行動はかならず言葉にまさる。それが文化というものだ。

ヒラリーが犯した致命的なミスを責める前に、このことは覚えておいてほしい。どんなリーダーも、あとでしまったと後悔するような判断ミスをすることはある。完璧な人間などいない。

さらに、サイバーセキュリティを、たとえば給与支払い手続きのような、独立した機能だと考え、より広範な組織文化には影響しないと誤解するのはよくあることだし無理もない。だが、よく見てみると、組織のパフォーマンスで最も大切な側面――品質、デザイン、セキュリティ、財務規律、顧客対応――はすべて、文化によって左右される。

組織文化と矛盾する行動をやむをえず取ってしまった場合、まずやるべきなのは間違いを認め、それからやりすぎなくらいに過ちを正すことだ。しかも、できるかぎりおおやけに自分のミスを認めて修正し、ありったけの熱を込めて以前の判断を上書きし、それを新しい教訓にしなければならない。

ヒラリーは、そんなふうにおおやけに過ちを認めて間違いを修正することなど考えもしなかったようだ。アメリカ政治における鉄の掟《おきて》は、「間違いを認めるな」（ほとんどの政治家を心から尊敬する気にならない理由のひとつはこれだ）。ヒラリーは著書の中で、不注意だったことは認めているものの、それほど自分に責任はないとも言っている。「ひとつの間抜けなミスが、選挙の行方を決めるような破滅的なスキャンダルになってしまった。党派争い、政府機関のなわばり争い、軽はずみなFBI長官が混じり合った結果だ。それに加えて、私は一連の混乱をみんなにわかりやすく説明できなかったし、メディアはこれが選挙で最も重要な争点でもあるかのように有権者に声高に訴えていた」

ヒラリーはまた、ポデスタのメール漏洩についてこう書いている。「ポデスタの1件は、私が国務長官時代に個人メールを使っていたこととはなんの関係もない。まったく無関係だ。だが、多くの有権者はごっちゃに考えていた」ヒラリーの頭の中では、2つの事件は本当に無関係だった。しかし、私の頭の中では完全につながっている。ヒラリーがメールのセキュリティについて不注意でなかったとしても、民主党のメールが盗まれていた可能性は高い。それでも、リーダーである限りは、たまたま取った行動が文化になる。

言行をきちんと一致させることは、最も難しいスキルと言ってもいいだろう。これをいつ何時も完璧に実践できる人はいない。ルーベルチュールですら、完璧とはいかなかった。ルーベルチュールは、奴隷たちに革命に参加してもらうため、自分がルイ16世の命を受けていると訴えていた。だがそれはウソだった。それでも、彼のウソがなければ、革命は起きなかっただろう。革命を後回しにしてでも、文化を守るべきだったのか？　だとしたら、文化になんの意味があるのか？　ルーベルチュールは自分と仲間が処刑されたとしても、文化を純粋に保ったことに満足しただろうか？

ラウドクラウドを経営していた頃、大切なことは何もかも全社員に共有できるような透明性のある文化をつくろうと努力した。そのおかげで、社員たちはみな仕事に責任を持ち、賢い人たちが最も難しい問題に取り組めるようになった。

しかし、2000年のドットコムバブルの崩壊で誰もスタートアップに仕事を任せてくれなくなり、ラウドクラウドはいきなり苦境に立たされた。私はわずかなチャンスながら、ソフトウェア事業に転換する可能性を探った。ソフトウェアなら、少ない資本で生き残れる確率ははるかに高い。この計画はほとんど誰にも秘密にしていた。なぜかというと、事業転換の噂が出れば、既存の事業が崩壊するばかりか、新規事業の契約も取れなくなってしまうからだ。本当のことが明るみに出たのは、ラウドクラウドを売却し、残った部門でオプスウェアとして再出発したときだった。そのせいで、企業文化は深く傷ついた。社員は私を信頼できなくなっていた。だがその時は、会社を救うためにやむをえず、文化を傷つけなければならなかった。つまり、言行一致をあえて放棄しなければならなかったのだ。

そのあとで、企業文化をふたたび蘇らせるのはひと仕事だった。私は過去の罪をすべて認めて、さらに透明性の高い企業として再出発することにした。資金の余裕はなかったが、再出発の場はみんなの記憶に残る場所を選んだ。カリフォルニア州のサンタクルーズで全社会議を開くことを決め、安モーテルの部屋を予約した。頼んだ仕出しは、ドリンククーポン付きのハムサラダのサンドイッチだ。そして全員を相部屋にした。もちろん、ぎりぎりまで倹約するためだ。シリコンバレーのテクノロジー企業が社員を相部屋に泊めさせるなど前代未聞だったが、そうしたのは全員にこのミーティングのすべてを記憶に留めてほしかったからだ（私はＣＦＯのデイブ・コンテと相部屋で散々な目にあった。デイブのいびきはひどかった）。

初日の午後と夜には仕事をしないことを、はっきりと伝えた。お互いをもっとよく知り合う時間にするつもりだった。起業して3年半の会社には必要ないと思えるかもしれないが、もう一度お互いに心を許せるようになることが狙いだった。もちろん、それは難しい頼みだった。

翌日、私はミーティングのはじめにこう話した。「前の事業を破綻に追い込んだのは私だ。これからどうしたら私を信頼してもらえるだろう？」それから、この会社のあらゆる面を隅々まで経営陣に説明してもらった。財務も含めて開示した。財務については特に、銀行にいくら預金があって、借金がどのくらいあるかを細かい数字まで包み隠さず公開し、プロダクトと事業戦略についてもすべて説明した。あいまいにせざるをえなかった時期は終わり、ふたたびすべてをさらけ出すことにしたのだ。

このやり方はうまくいったと言っていいだろう。このときのミーティングに参加した80名の社員のうち、ヒューレット・パッカードに売却した5年後まで、4人をのぞいて全員が会社に留まった。事業転換については言行一致ができなかったが、幸運にも、頭から転倒するようなことにはならずに済んだ。

倫理観をはっきりと打ち出す

ウーバーの文化がひどいことはこれまでにも散々マスコミで取り上げられてきた。だから、トラビス・カラニックが善意をもって文化を設計し、細部に気を使って組織の中に文化を組み入れたと言えば、驚かれるかもしれない。ウーバーの文化は実際、設計の意図通りに機能していた。ただし、そもそもの設計に重大な欠陥があったのだ。

ウーバーの独特な文化規定を見てみよう。2009年にカラニックがウーバーを立ち上げた際に掲げた企業理念がこれだ。ウーバー社員は鼻高々にこの文化規定を見せびらかしていた。

1 ウーバーミッション
2 都市を味わい尽くす
3 実力主義とおせっかい精神
4 節度ある対立
5 勝ちにこだわる：勝者の心構えを持つ
6 開発者に開発させる
7 いつも胴元になる
8 ユーザー第一
9 大胆な賭けに出る
10 魔法をかける
11 間借り人ではなくオーナーになる
12 ありのままで
13 前向きに導く
14 最高のアイデアが勝つ

カラニックはまた、社員に求める8つの力を掲げた。

1 ビジョン

2　品質へのこだわり
3　イノベーション
4　猛烈さ
5　実行
6　拡大
7　コミュニケーション
8　気合い

これらは普通のビジネス書から引っ張り出してきたような、ありきたりの標語ではない。チーム構築研修で決めるような、よくあるもやっとした志でもない。リーダーが求める行いをはっきりと人々に示すものだ。

企業文化にこれほど力を入れていたのに、どこで間違ってしまったのだろう？　問題は、たとえば「実力主義とおせっかい精神」「勝ちにこだわる：勝者の心構えを持つ」「いつも胴元になる」「最高のアイデアが勝つ」といった標語の背後にあるマインドセットによって、ほかの何よりもひとつの価値観が優先されたことだ。それは、「負けられない」という価値観だ。カラニックは世界有数の負けず嫌いな人間で、あらゆる手を使ってこの精神をウーバーに刷り込んだのだ。それが成功につながった。2016年までにウーバーの企業価値は660億ドルに達していた。

ウーバーの新入社員は、ウーバー大学と呼ばれるプログラムで3日間の初期研修を受ける。最初の授業で、次のようなシナリオが与えられる。「ライバル会社が4週間以内に相乗りサービスをはじめることになった。ウーバーはライバル会社より先にまともな相乗りサービスをローンチできない。どうしたらいいか?」ウーバー大学での正解は、「準備万端のふりをして、間に合わせのサービスをつくってライバルより先にローンチする」だった。実際に、リフトが相乗りサービスをはじめることを知ったときにウーバーがやったのがこれだった(私のベンチャーキャピタル、アンドリーセン・ホロウィッツはリフトに投資していて、私自身がリフトの取締役なので、両社のライバル関係についてはかなり詳しく知っている。もちろん、私がリフト寄りの見方をしていることは間違いない)。ウーバーの法務チームも含めて、時間をかけてこれまでよりも優れたサービスを開発すべきと提案したチームは、「ウーバーらしくない」と否定された。その言葉の背後にあるメッセージは明らかだ。誠実さか勝つことか、どちらかを取れと言われたら、ウーバーではどんな手を使っても勝つことが優先されるのだ。

勝ちにこだわるというウーバーの姿勢がふたたび問われたのは、中国のライドシェア市場で一番手の滴滴出行《ディディチューシン》と競争しはじめたときだった。滴滴出行は攻撃的な手口でウーバーに対抗した。ウーバーのアプリをハッキングして、偽の乗客を送り込むようなことまでやっていたのだ。中国ではこうした手口がかならずしも法律違反とされていなかった。ウーバーの中国支社は同じ手口で滴滴出行にやり返した。その後、この手口をアメリカ本国に持ち帰り、「ヘル」の異名を持つプログラムを使ってリフトをハッキングし、偽の乗客をリフトに流しながら同時にドライバーの情報を盗んで引き抜いていた。では、カラニックが部下たちにこうした手口を使うよう指示したのだろうか？　姑息で、犯罪すれすれの行為なのに？　真実は藪の中だが、カラニックの指示があったかどうかは関係ない。法律に違反してもいいと思わせるような文化がすでに浸透していたことが問題なのだ。

アルファベット傘下で自動運転車を開発しているウェイモがライドシェアのアプリを開発しているという情報が流れると、ウーバーはウェイモのエンジニアを強引に引き抜いて、自社で自動運転車の開発を一気に推し進めようと試みた。アルファベットの子会社のグーグルはウーバーの大株主で、アルファベットの法務責任者兼事業開発責任者のデビッド・ドラモンドはウーバーの取締役だったのに、そんなことをやってしまったのだ。さらにカラニックはもう一歩進んで、ウェイモから企業秘密を盗んで独立したと疑惑のあったオットーという会社を買収する。ウーバーの経営陣は、オットーがウェイモから知的財産を盗んだことを知っていたのだろうか？　断定はできないが、ウーバーの文化を考えれば知っていたとしてもおかしくない。

ウーバーの企業文化の問題が世の中に晒されたのは、スーザン・ファウラーという若い女性がサイト信頼性技術者（ＳＲＥ）として入社した２０１５年だった。ファウラーは物理学の学位を持ち、マイクロサービスについての本も出版したほどの、優秀で前向きな社員だった。だが新入社員研修が終わってすぐ、ウーバー文化の闇を経験した。ここに、彼女のブログを引用しよう。この投稿がウーバーを揺るがすことになる。

最初の数週間の研修のあとに、私の専門性を活かせるチームに入ることになった。なんだかおかしなことになってきたのは、ここからだ。ローテーションの初日に新しい上司が社内チャットでだらだらとメッセージを送りつけてきた。その上司には浮気オーケーの彼女がいて、彼女のほうはいろんな男と付き合ってるのに、自分はなかなかセフレに恵まれないって話だった。職場で揉め事は起こしたくないけど、セフレを探すためなら揉め事も仕方ないとか。私とヤリたがってるのは見え見えだったし、あまりにも失礼だったから、その場でチャットのスクショを撮って人事に通報したの。

当時のウーバーはもうかなりの大企業だったから、こうした状況には普通に対応してくれると思ってた。人事に通報したら、会社が適切に処理してくれて、一件落着ってね。でも残念ながら、思ったようにはいかなかった。私がこの一件を人事に報告すると、人事と上層部から、この件は明らかなセクハラでその上司が私を誘ってきたことは認めるけれど、彼にとってははじめての過ちだし、警告と叱責で済ませたいと言われた。上層部は、その男が「ハイ・パフォーマー」(上司たちは彼を高く評価しているってこと)だから、無邪気なミスに罰を与えたくないってことだった。

連邦法では、どんな種類であれ社員からハラスメントの報告を受けた企業は、正式に調査をしなければならないことになっている。会計士にとっての収益認識と同じくらい、これは人事にとって基本中の基本だ。それをわかっていながらなぜ、ウーバーの人事部は法律に違反したのだろう？　それは、仕事のできる管理職を処罰すると、ライバルに「勝てなくなる」と人事部が考えていたからだ。

有望なエンジニアからのセクハラの訴えを調査してはいけないなどとカラニックが思ったはずは絶対にない。彼がつくりたかったのは、そんな文化ではなかった。彼の企業理念のどこにも、上司が部下にセクハラをしてもかまわないという項目はない。そんなことはどこにもほのめかされていない。実際、カラニックはこの一件にカンカンだった。仕事の能力以外で女性社員を評価した上司が許せなかったのだ。もちろん、この一件は「最高のアイデアが勝つ」という企業理念とは正反対だ。カラニックの文化にはなぜか、生産性を損なうような不思議な負の側面があった。

こうした負の側面はその後も表に出続けた。ウーバーのドライバーがインドで乗客をレイプしたとされる事件が起きると、本社経営陣は、ライバル会社のオーラが乗客に金を払ってレイプ事件をでっち上げたと疑った。ウーバー幹部のエリック・アレクサンダーは、被害者とされる女性のカルテを手に入れて、疑いを晴らそうとしたほどだった。そんなウーバーのくわだてがおおやけになり、世間は怒り狂った。ウーバーは外国の役人に賄賂を渡してレイプ被害者のカルテを手に入れたのか？　とんでもない話じゃないか？

旗色が悪くなると、取締役もカラニックのせいにしはじめた。取締役たちはショックを受けていた。誰にでもわかりきったことにショックを受けていたのだ。それは、カジノにいるくせにギャンブルをやっているのを知らなかったと騒ぎ立てるようなものだった。これまでずっと

「いつも胴元になる」を企業理念として掲げていたことを知らなかったのか？　絶対に知っていたはずだ。この意味がわからなかったのか？　もしわかっていなかったとすれば、取締役の不注意だ。だが、私は取締役がただぼーっとしていたとは思わない。これまでにも、ウーバーは勝つために犯罪すれすれのことをしているらしいという話はたくさんあった。

取締役会はカラニックがあれほど攻撃的な文化をつくったことに激怒していただろうか？　怒るどころか、大金を稼いでいるかぎり、取締役たちは喜んでいた。カラニックがおおやけに非難されてはじめて、つまりウーバー文化の欠陥が広く世の中で明るみに出てはじめて、取締役はカンカンになったのだ。

カラニックにしてみれば、自分の優先順位は昔からはっきりと知らせていたはずだし、取締役会は何年もそのやり方に乗っていたはずだった。カラニックはウーバーの経営哲学を誇りに思い、シリコンバレーで最も負けず嫌いな会社という評判を喜んでいた。当時も、おそらく今も、まったく間違ったことはやっていないと信じているだろうし、取締役にも自分のやり方をはっきりと伝えて適切なガバナンスを行ったと思っていることだろう。セクハラも、レイプ被害者のカルテを手に入れたことも、そのほかの過ちも、カラニックが指示したことではない。

しかし、それが文化というものだ。文化は一度の判断ではない。長年のさまざまな行動が積み重なるうちに自然にできあがる決まりごとなのだ。こうした行動をすべて、ひとりの人間がつくり出したり、行ったりするわけではない。文化をデザインすることは、組織の行動をプログラムすることだ。だが、コンピュータのプログラムと同じで、文化にもかならずバグがある。

しかも、文化のバグを取り除くのは、コンピュータよりはるかに難しい。

カラニックは倫理に反する組織をつくるつもりはなかった。ただ、超負けず嫌いな会社をつくりたかっただけだ。だが、彼の文化にはバグがあったのだ。

中国最大級の通信機器メーカーであるファーウェイも同じように、強烈だがバグのある「イケイケ文化」によって急成長した企業だ。しかし、数々の違法行為で訴えられ、国際的な贈賄でも起訴され、最近ではCFO（最高財務責任者）が銀行詐欺で逮捕されている。

すべてのはじまりは、執念と競争心だった。会社で寝泊まりできるように社員にはマットレスが支給され、軍隊式の新入社員研修では朝からランニングではじまり、紛争地域の顧客支援の方法を教えるような寸劇もあったとニューヨーク・タイムズ紙は報道していた。

また、社員は毎年、一連の企業遵守事項を学び、署名しなければならなかった。そのほかに、より非公式な形で、決して越えてはいけない「レッドライン」があると教えられた。企業秘密を漏らすことや、規制や法を破ることだ。しかし、「イエローライン」はグレーゾーンとされていた。顧客獲得のためなら、ルールを無視して贈り物を送ったり、袖の下を掴ませたりすることは、むしろ奨励されていた。それが、ガーナやアルジェリアでの贈賄につながり、イランへの制裁違反につながった。さらに、Tモバイルがスマホの品質検査に使っていた「タピー」というロボットの技術情報を盗んだことも、ファーウェイは認めている。ファーウェイ社員がパソコンバッグにタピーの腕を入れて持ち帰り、ファーウェイのロボット開発に役立てたと言う。つまり、ここでレッドラインを越えたのだ。

2015年の企業恩赦で、数千人にのぼるファーウェイの社員が、贈賄から詐欺までさまざまな違法行為を認めた。ファーウェイではどれだけ案件を獲得できたかだけで社員を評価していたことを考えると、CEOの任正非《じんせいひ》もおそらく、違法行為は承知していたはずだ。こうした一見ショッキングな告白のあとでも、任は全社員に向けて、倫理規程を厳守することはもちろん大切だが、「倫理のせいでメシのタネが生み出せなかったら、全員が飢え死にする」とメールに書いていた（もちろん、ファーウェイが中国政府の仕事を請け負っていて、諜報機関と同じように国策としてルールを破っているとしたら、すべきことをしていると言えなくもない）。

何を評価するかは、何に価値を置いているかを示す。ファーウェイがしたことはウーバーと同じだった。特定のルールや法律に従わなくていいと言うことは、文化から倫理を取り除くことに等しい。

バグのない文化をつくるのは不可能だ。しかし、倫理違反を引き起こすようなバグは一番危険だと理解しておくべきだろう。だからこそ、ルーベルチュールはおおやけにははっきりと倫理を強調したのだ。自分の組織が決してすべきでないことを具体的に書き出すことは、倫理違反を引き起こすようなバグへの最良の対策になる。

ルーベルチュールが兵士に語っていたことを思い出してほしい。「私をがっかりさせないでほしい。欲望に負けて、せっかくの勝利を棒に振るな。敵を追い出したあかつきには、一番大切なものについて考える時間ができる」

この言葉がどれだけ的はずれに聞こえたかを考えてみてほしい。ルーベルチュールの究極の目標はウーバーと同様に勝つことだった。戦争に勝たなければ奴隷制度は廃止できない。勝つより大切なことはなかったはずだ。兵士が略奪したいのなら、させておけばいいではないか。

ルーベルチュールはこのように説明している。「この地上で最も大切な財産、それは自由である。その自由が滅びることのないように、我々は戦っている」倫理については、「なぜ?」を説明できなければならない。なぜ略奪してはいけないのか? なぜなら、略奪は真の目標の妨げになるからだ。真の目標は勝つことではなく、自由だ。もし間違ったやり方で勝ったとしたら、何を勝ち取ることになる? 市民から自由を奪うような戦い方をして、自由な社会を築けるのだろうか? 自由な社会を築けないなら、何のために戦っているのだろう? ルーベルチュールは読み書きのできない元奴隷の集団を、哲学者のように扱った。そして元奴隷たちはルーベルチュールの期待に応える働きをした。

ウーバーの取締役会はカラニックを追放し、新しいCEOとしてダラ・コスロシャヒを雇い入れた。コスロシャヒはただちに、攻撃的だった企業理念を次のようにつくり変えた。

グローバルに開発し、ローカルに生活する
顧客にこだわる
違いを認める
オーナーのように振る舞う
諦めない

肩書きよりアイデアを重視する
大胆な賭けに出る
正しいことをする。以上。

カギになるのは「正しいことをする。以上」というところだ。

カラニックの哲学は危険だが独自性があった。ウーバーにしかないものだった。新しい企業理念は無難だが、どこにでもありそうなものに見える。

ではもう一度、新しく継ぎ足された、倫理を求める規定を見てみよう。「正しいことをする。以上」という一文だ。敏腕経営者のコスロシャヒなら、自分の価値観をウーバーの企業文化に組み入れるための包括的な計画があることだろう。だが、彼の訓示とルーベルチュールの訓示をくらべると、きめ細かさが明らかに違う。

1　「正しいことをする」というのは具体的に何を指すのか？
2　「以上」と付け足すことで、意味がはっきりするのか？

「正しいことをする」というのは、四半期目標を達成することなのか、それとも真実を語ることなのか？　自分で判断しろということか、それとも法律に従えということか？　道徳的な責任を果たせば損失を出しても許されるということなのか？　フェイスブックにいた社員と、文化の違うオラクルにいた社員とでは、「正しいこと」の解釈が違うのでは？

ルーベルチュールは、「正しいこと」は何かを具体的に打ち出していた。略奪しないこと、妻を裏切らないこと、責任を取ること、勤勉に働くこと、社会倫理を守ること、公教育、宗教の自由、自由貿易、市民としての誇り、人種の平等などだ。ルーベルチュールは、心に訴える具体的な指示を絶え間なく出し続けていた。

また、リーダーは、価値観の背後にある「なぜ？」をことあるごとに訴えることが大切だ。「なぜ？」がなにより記憶に刻まれる点だからだ。「何をするか」は、大量のやるべきことのなかのひとつにすぎない。だから、「正しいことをする。以上」と唱えたウーバーは、企業文化を改革する大きなチャンスを逃してしまったことになる。

最後に、「正しいことをする。以上」と言い切ることが、物事を単純に見せ、倫理を些細なことのように思わせてしまう。だが、倫理は単純ではない。複雑なものだ。だからこそ、ルーベルチュールは、奴隷兵士をまるで哲学者のように扱った。それは、みずからの選択について深く考えなければならないことを、兵士に理解させるためだった。

覚えておいてほしいことがひとつある。倫理とは厳しい選択だということだ。投資家に優しいウソをつくか、それとも社員の3分の1をクビにするか？　ライバルからバカにされるか、それともユーザーを欺くか？　昇給をやめるか、それとも少しだけ不公平を許すか？　こうした問いに答えるのは、至難のわざに思えるかもしれない。だが、戦争の最中に奴隷兵士たちに倫理観を植えつける仕事に比べれば、はるかに易しいはずだ。

第3章

武士道

弾丸が防弾ベストを突き抜ける
ビギー・スモールズは試される
死ぬ覚悟はできている

——ノトーリアス B.I.G.

THE WAY OF THE WARRIOR

The shit I kick, ripping through the vest
Biggie Smalls passing any test
I' m ready to die.

——Notorious B.I.G.

古代から中世の日本の武士階級である侍には、「武士道」または「武士の作法」と呼ばれる、厳しい規範があった。1186年から1868年まで、ほぼ700年にわたって武士が日本を治めることができたのは、この規範のおかげだ。そして武士の作法は彼らの統治後も長く生き続けた。今日の日本文化の根幹をつくったのは侍だった。

神道や仏教や儒教を取り入れた武士道の教義の中には、数千年も続いてきたものもある。かなり古臭く感じられるものも一部にはある。しかし、これほど長い間武士の文化が続いてきたのは、ありとあらゆる状況や、人生でかならず直面する倫理的な葛藤に対処するためのフレームワークがこの中にあるからだ。武士道の教義は簡潔で一貫性があり、しかも包括的だった。組織全体をまとめるような文化をつくるきめ細かな取り組みは、そっくりそのまま今日にも通用する。

侍にとって文化はどんな意味を持っていたか

武士道は一見、一連の哲学のように見えるが、むしろ実践の積み重ねだ。侍にとって、文化は行動規範だった。つまり、価値観ではなく徳（善い行い）の体系が文化だったのだ。価値観は単なる信条だが、徳とは人間が努力し体現する行動だ。いわゆる「企業理念」に意味がないのは、それが行動ではなく信条しか表していないからだ。文化を築くにあたって、あなたが何を信じているかはどうでもいい。あなたが何をするかに意味がある。

「武士の4誓願」もまた、行動を説くものだ。

一、武士道に於いておくれ取り申すまじきこと
（武士道を誰よりも率先して実践しなければならない）
一、主君の御用に立つべきこと
（主君に忠誠を尽くさなければならない）
一、親に孝行仕えるべきこと
（敬意をもって両親に孝行しなければならない）
一、大慈悲を起し人の為になるべきこと
（思いやりの心で他人を助けなければならない）


武士の知恵をまとめた最も有名な武士道の著である『葉隠《はがくれ》』では、こう教えている。

「剛臆と言う物は平生当りて見ては当らす。別段に有物也」

（勇気があるか臆病かは平時にはわからない。何かが起きたときにすべてが明らかになる）

死の大切さ

現代日本文化の際立った特徴は、職人魂と細部へのこだわりだ。寿司職人からウイスキーの生産者、神戸牛の生産者から自動車メーカーまで、日本人は品質にこだわる。そして品質へのこだわりを形にできるだけの、とんでもなく優れた技術がある。これほど綿密な文化はどこから生まれたのだろう？

そのはじまりは、「死」だった。『葉隠』の最も有名な一節は、「武士道と云ふは死ぬことと見付けたり」という文言だ。もう一冊の必読書、『武道初心集』の冒頭もまた、意外なルールではじまる。「武士たらんもの、日々夜々死を常に心にあつるを以《もっ》て、本意の第一とは仕《つかまつ》るにて候《そうろう》」（武士というものはいついかなる時でも死を意識していなければならない）。常に意識しておきたいさまざまな人生の側面の中でも、死は一番考えたくないことだ。かくいう私も、武士道を学ぶ前は、死について考えるくらいなら、ヒラリー・クリントンとドナルド・トランプのダンスバトルを10時間でも見ているほうがまだましだと思っていた。

『武道初心集』では、死を考えることについて、こんなふうに説明している。

「今日ありて明日を知らぬ身命とさえ覚悟仕《つかまつ》り候《そうろう》においては、主君へも今日を奉公の致しおさめ、親へ仕るも今日をかぎりと思うが故《ゆえ》、（中略）忠孝のふたつの道にも、相叶うとは申すにて候」

（明日の命をないものと覚悟し、主君に奉公するにも、親に対しても、誠心誠意ふるまうことが大切だ）

武道初心集では、死という概念が何を意味しないかが、これでもかと描かれている。武士道における死は、ただ漫然と待つことではない。

「長生きを仕る了簡《りょうけん》なるによって、主君へも末永きご奉公、親々への孝行も疎略には罷成《まかりな》るにて候」

（死を意識せずに生きていると、親や主君への務めも、武士としての仕事も立派に果たせなくなってしまう。それではいけない。家庭と仕事への責任を十分に果たした上で、時間にゆとりがあるときにはいつも、死についてじっくりと考えるべきだ）

このルールこそ、武士の文化の基礎になるものだ。忠誠心と細部へのこだわりを支えていたのは、「人はいつか死ぬ」という意識だった。『葉隠』にはこう書かれている。

「武士は毎朝行水し、月代《さかやき》を剃り、髪に香を焚きしめて、手足の爪を切り揃え、軽石でこれを擦った上に、こがね草という草で磨き上げ、身だしなみを整えたものだ。武具一式は綺麗に整理され、埃《ほこり》が払われ、錆《さび》止めの油がさされていた。ここまで身だしなみに気を遣うのは見栄だと思われるかもしれないが、これはいつ討ち死にしてもいいようにという決意の表れだ。だらしない姿で討ち死にすれば、敵の笑い者になってしまう」

弓の達人として知られたある武士は、壁に「常在戦場」の文字を掲げ、常に戦場にいる心構えで事にあたるようにしていた。木刀を風呂場に持ち込み、いつでも戦えるよう、また死を意識するように心がけていた武士もいた。

企業文化が脅かされるのは、危機が訪れたときだ。たとえば、ライバル会社にやり込められたり、倒産の瀬戸際に追いつめられたりするようなときだ。いつ死んでもおかしくないとしたら、どうやって目の前の仕事に集中すればいいのだろう? その答えは、「すでに死んでいたら、殺されることはない」。最悪の結果を受け入れていたら、失うものは何もない。『葉隠』は、どのように最悪の結果を想像し、受け入れたらいいかを、生々しく描いている。

「一日のはじめに、死についてじっくりと考えなさい。毎朝、静かな心で、自分の最後の瞬間を頭に思い浮かべなさい。弓矢で射抜かれ、銃で撃たれ、剣で刺され、大波にさらわれ、地獄の炎に焼かれ、雷に撃たれ、地震で潰され、断崖絶壁から墜落し、不治の病に冒され、または何の前触れもなく突然に死ぬ姿を。毎朝かならず、死の瞑想に浸りなさい」

自分の会社が破産する姿を思い浮かべれば、目指すべき文化を構築しやすくなる。倒産したらどうなるかを想像してほしい。働きやすい職場だっただろうか？　取引先にとって、仕事はやりやすかっただろうか？　相手にとって、あなたとの出会いは得になったか、損になったか？　プロダクトの品質に、あなたは誇りを持っていただろうか？

今どきの企業は、目標、ミッション、四半期業績といった指標ばかりに目を向けがちだ。社員がなぜ毎日仕事に来るかを考えることはほとんどない。お金のためだろうか？　お金と時間とどっちが大切だろう？　私のメンターのビル・キャンベルは、かつてこう言っていた。「働くのはお互いのためだ。一緒に働く人をどのくらい気にかけているか？　社員をがっかりさせたいか？」

あなたの目的が死を意識することであっても、お互いのために働くことであっても、仕事そのものに意義があるということが、企業文化をまとめる接着剤になる。

武士の心得

武士の規範は、８つの徳に基づいている。義、勇、仁、礼、克己、誠、名誉、そして忠義だ。すべての徳には細かい定義があり、一連の原則と実践と逸話を通して補強されている。このすべてが一緒になってシステムとして機能し、どれかひとつの徳が誤解されたり誤用されたりすることのないようお互いに均衡を取り合っている。この中で、名誉、礼、誠の３つに絞って、どう機能しているかを詳しく見ていこう。

名誉

侍は名誉を、切っても切り離せない人格の一部と考えていた。名誉がなければほかの徳に価値はなく、けだものと同じになってしまう。現代人にとっては極端に思えるほど、侍は名誉にこだわった。こだわりすぎていたと言ってもいい。たとえばこんな有名な逸話がある。ある町民が善意で侍を呼び止め、背中にノミがついていると教えてあげた。すると侍はその町民をいきなりまっぷたつに斬ってしまった。ノミは動物に付く寄生虫なので、その町民は侍を人前でけだもの呼ばわりしたとされたのだ。侍にとっては許しがたい侮辱だった。

私も、会議中に私の誠実さを疑う人間をまっぷたつにぶった斬りたくなることはある。さすがに今の世の中ではそうはさせてもらえない。しかし、組織の中での個人の評判と名誉にはなんらかの意味を感じるべきだし、行動のすべてがその人の名誉と評判を左右するはずだ。あなたはこの取引を誇りに思えるだろうか？　チームの仕事ぶりは立派か？　胸を張って自分の仕事だと言えるだろうか？　もしユーザーやライバルがあなたの行いを疑ったら、自信を持って名誉ある行動を取ったと語れるだろうか？

しかし、たとえ名誉な行動をとったつもりでも、無作法があればバッサリ斬られてしまうこともある。それはまずい。そこで、どんな状況でも突然に咎《とが》めを受けることのないよう振る舞うにはどうしたらいいかを補足する規定が必要とされた。それが、「礼」だ。

礼

礼とは、さまざまな状況において侍が取るべき振る舞いを細かく定めた、一連のややこしい作法だ。たとえば、お辞儀の仕方、歩き方、座り方、お茶の飲み方さえ規定されている。

こうした細かい決まりごとはただの好みに見えるかもしれないが、その根っこには、礼儀が他者への深い愛と尊敬を表す最良の手段だという信条がある。ただ決まりごとに従えばいいというものではなく、より親密な関係への入り口が礼儀なのだ。

新渡戸稲造の『武士道』を読むと、今の日本でも同じ考え方がされていることがわかる。

ぎらぎらと太陽の照りつける暑さの中で、あなたは日よけのない場所に立っている。そこに知り合いが通りかかった。あなたが彼に声をかけると、彼はすぐに日除け帽を脱いだ。もちろん、それは何気ない自然な振る舞いだ。だが、「とんでもなく奇妙なことに」、その知り合いはあなたと話している間中、日傘を降ろしてカンカン照りの中に立っていた。なぜそんなことを!?　理由がわからなければそう見えるだろう。だが、彼の心中はこうだ。「あなたは日差しの中に立っている。私はあなたの気持ちがわかる。もし私の日傘がもう少し大きければ、あるいはもしお互いがもう少し親しければ、あなたを私の日傘の下に喜んで入れてあげただろう。だが、今はそれができないので、せめてあなたと一緒に暑い日差しを我慢しよう」

今のアメリカ人は、この国に共感が欠けているとツイッターで愚痴るばかりだ。そのくせ、どうして共感が減り続けているのかと不思議に思っている。怒りが積み重なっても、文化にはならない。文化は行動の積み重ねだ。競争の激しいビジネスの世界では、礼儀などかなぐり捨ててかまわないように思える。だが、侍が一連の行動を礼儀として定義し、愛と尊敬を表すために礼儀を実践していたことに、学ぶところは大きい。

では侍はどのように偽善を見分けたのだろう？　どうやって、尊敬もしていないのに礼儀だけ整えるようなことがないようにしたのだろう？　二枚舌の文化をどう防いだのだろう？　ここでまた、もうひとつの徳が役に立つ。侍は「礼」という徳に「誠」を組み合わせた。正直さや誠実さのない礼儀は、中身のない振る舞いだと定義づけたのだ。礼儀正しいふりをすることは、不誠実で価値がないとしたのである。

誠（誠実さ、または正直さ）

武士の「誠」という考え方は、もともと孔子に由来している。「すべては誠実さにはじまり、誠実さに終わる。誠実でなければ、何もないに等しい」と孔子は書いている。

武士の文化の中では正直さが鉄則だったため、「武士に二言はない」とされ、合意を書面にする必要はないとされていた。子育ての中でも正直であることは強調され、ウソをついて殺されてしまった寓話を子供たちは読み聞かされて育った。言葉は神聖なものと見なされていた。『葉隠』には、諸岡彦右衛門という侍についてのこんな一節がある。

諸岡彦右衛門は呼び出しを受け、証言が真実であることを誓った誓文に署名するよう命じられた。すると彦右衛門はこう言った。「侍の一言金鐵《いちごんきんてつ》より堅く候。自身決定の上は佛神《ぶつじん》も及ばるまじ（侍の言葉は金や鉄より重い。自分が決めたことは神や仏でも覆せない）」結局、誓文を書かされることはなかった。

私たちがやったこと――起業家を尊敬する

2009年にアンドリーセン・ホロウィッツを立ち上げたとき、企業文化の中に私が取り入れたかったことのひとつは、「起業家への尊敬」という哲学だった。ベンチャーキャピタリスト（VC）が存在できるのは起業家のおかげで、そのことを文化に反映したかったのだ。しかし、構造的な問題があった。起業家はベンチャーキャピタルに資金を出してもらう立場なのでVCは自分たちが上だと勘違いしてしまうのだ。偉そうに振る舞っているVCは多かった。

私は武士のやり方を取り入れることにした。まず、「起業家への尊敬」を細かく定義するため、「それとは違うこと」を詳しく書き出していった。

起業の過程での大変な苦労を私たちは尊敬する。起業家がいなければ、私たちのビジネスも存在しない。起業家と会うときはかならず時間を守り、たとえ悪い知らせ（たとえばお断りの返事）でも、できるだけ速やかに返答し、本質的なフィードバックを返す。私たちは未来が明るいことを信じ、成功か失敗かにかかわらず、起業家がより良い未来をつくるために努力していると信じる。だから、どんな起業家やスタートアップに対しても、決しておおやけに批判しない（もしそうしたら、クビになってもおかしくない）。

だからといって、経営者が永遠に居座り続けるのを許すわけではない。私たちは創業者ではなく、会社に対して責任がある。創業者に経営能力がない場合には、経営者として居残ることを許さない。

これでもまだ、「起業家を決して否定してはいけない」と勘違いする人もいるかもしれない。そこで、もうひとつ別の原則と組み合わせることにした。

たとえ痛みを伴っても、私たちは真実を伝える。相手が起業家でも、リミテッドパートナー（LP）でも、同僚でも、真実を伝えることに努める。私たちは隠し事をせず、正直に話す。重要情報を隠したり、ごまかしたりしない。真実が言いづらいものでも、聞きづらいものでも、私たちは真実の側に立ち、困難な結果を受け入れる。

しかし、人の心を傷つけたり、貶めたりするような些細な真実をくどくどと言い立てたりはしない。真実を伝えるのは人々を良くするためであって、悪くするためではない。

この習慣を企業文化に根づかせるため、私たちは尊敬という価値観に目を向けるのではなく、時間を守るという行動を重視した。起業家との打ち合わせに遅刻したら、1分ごとに10ドルの罰金を支払うことにしたのだ。罰金を避けるには努力と訓練が必要になり、おかげでいくつもの素晴らしい習慣が企業文化に刷り込まれた。前のミーティングのスケジュールをきちんと立て、次の起業家とのミーティングにずれこまないようにしなければならなかった。そのミーティングも、時間がきたら打ち切るのではなく、予定通りにやるべきことがすべて終わるように規律を持って会議を運営しなければならなくなった。メールやメッセージに気を取られないよう、意識することも必要だった。トイレのタイミングさえ気にするようになった。

結局のところ、罰金は合わせて1000ドルにもならず、しかもほぼ最初の頃だけだった。罰金を課したことで、全員がいつも時間厳守を意識し、起業家に敬意を払うようになった。

ほかのVCやスタートアップ周辺の人たちは、この習慣を誤解して、私たちが「創業者に優しい」集団だと勝手に思い込んでいた。とんでもない拡大解釈だが、おかげで私たちは何年も、業界で優位に立てた。しかし、「創業者に優しい」と言うと、創業者が間違っていても味方すると思われてしまう。だがそんな哲学は誰の得にもならない。むしろ、ウソをつく文化が生まれてしまう。どんな行動をとってもかならず一方に味方すると決めてしまうと、組織に不正直さを刷り込むことになる。

文化をいつまでも維持する

アメリカでは、夕食会のあいだでさえ、子供たちをお行儀よくさせておくことのできない親が多い。それなのに日本はどうやって10世紀以上も礼儀正しい文化を国中で保てたのだろう？それは侍が周囲の人々に、武士の心得を学ぶこと、記憶に刻むこと、毎日実践することを求めたからだ。

しかし、ほかの文化でも学ぶことは求められていたが、武士の心得ほど長くは続かなかった。武士の心得が長続きしたのには、2つのテクニックがあったからだ。まず、彼らは規範の誤解や誤用を防ぐため、文化や倫理の葛藤がどのような状況で起きるかを細かく書き出していた。次に、生々しい逸話を使って規範を深く刷り込んだのだ。

武士の心得の際立った特徴は、さまざまな状況を細かく想定している点だ。ウーバーが掲げた「正しいことをする。以上」という訓示を思い出してほしい。『武道初心集』と比べてみよう。

正しいことをするには3つの方法がある。

仮に、金百両を持つ知り合いと旅に出ることになったとする。金を持ち歩くのは面倒なので、戻るまで家で預かってほしいと頼まれた。そこで金を預かり、決して見つからない場所に隠しておいた。さてここで、旅のあいだにその知り合いが食中毒か心臓発作で死んでしまったとしよう。あなたが金を預かっていることは誰も知らない。

その状況で、あなたが知り合いの死をただ悲しみ、亡き人の家族に金を預かっていることを伝え、すぐにそれを送り届けたら、真に正しいことをしたと言えるだろう。

では次に、金を預けた知り合いとは、それほど親しくないとしよう。あなたが金を預かっていることは誰も知らないので、問い合わせもない。たまたまあなたは金に困っている。そして一瞬、しめた、そのまま黙っておこうかと考えたとする。

そんな考えを一瞬でも思い浮かべたことを恥じ、気持ちを入れ替えて金を知人の家族に戻したとすれば、恥の気持ちから正しいことをしたと言えるだろう。

ではその次に、あなたの妻か子供か家来か誰かが預かった金のことを知っていたとする。家族にどう思われるかを心配し、法を犯すことを恐れて金を返したとしよう。それは、他人への恥から正しいことをしたと言えるだろう。


もし誰もこの金のことをまったく知らないとしたら、あなたはどうするだろうか？　この逸話は、正しいことをするのに、「正しい理由」からか、恥や罪の意識からなのかについて、特に区別はしていない。「なぜ」正しいことをするのかは、重要ではない。正しいことをすればそれでいい。ただし、武士の心得をつくった人は、時と場合によっては正しいことをするのが難しくなるのを理解していた。だから事例をあげたのだ。

あなたは、捕まるリスクがあるときにだけ、正しいことをするだろうか？　では捕まる可能性がまったくないとしたらどうだろう？　誰も金のことを知らず、それに気づく可能性もなく、相手とも親しくなく、あなたが心底金に困っていたらどうだろう？　特にそんな場合は悩ましい。このような難しい判断を迫られたときに、「正しいこと」が具体的に何かはっきりしていなければ、社員はどうすべきかわからなくなる。そして難しい判断こそ、会社と文化を決定づけるのだ。

物語を伝える

「忠義」についての逸話は数多いが、『葉隠』に描かれたある物語からは、忠義とは何かがありありと伝わってくる。

相馬氏の家系図は、「チケンマロカシ」または「血系図」と呼ばれる巻物に記されている。これは先祖代々続いてきた類まれな家系図だった。ある年、この大名屋敷で大火事が起きた。だが、相馬の殿様はこう嘆いた。「家や財産は失っても苦しくない。火事で焼けても替わりがある。だが、先祖代々の宝だった家系図を持ち出せなかったことだけは、残念で仕方がない」

するとひとりの家来が進み出た。「私が炎の中に入って宝を守りましょうぞ」

殿様もほかの家来も「城は火の海なのに、どうやって守るつもりか」と鼻で笑った。その家来は大した手柄もなく役に立ったこともなかったが、真面目なこの男を殿様はなぜか気に入っていた。「私は不器用でこれまで殿のお役に立つことはできませんでした。ですが、ここぞというときには殿のお役に立つためにいつでも命を捧げる準備をしておりました。今がその時です」

そう言い残して、家来は火の海に飛び込んでいった。

火事がおさまるとすぐ、相馬の殿様は家来たちにこう命じた。「遺体を捜せ。可哀想に」焼け跡の中を探し回ってやっと、屋敷の庭先で焼け焦げた遺体が見つかった。うつ伏せに丸まった遺体を仰向けにしてみると、腹から血が流れ出た。その家来は自分の腹を切り開き、家系図を押し込んで、炎から守ったのだった。そこでこの家系図は、「血系図」として知られるようになった。

この逸話は、忠誠心とは何かを理解させるには理想的な物語だ。その家来はなんの取り柄もなく、凡庸な人生を送っていた。だが、たった一度の勇敢な行動によって、永遠に名を残したのだ。巻物を救うために自分の腹を切り裂くような人間を、忘れられるだろうか？　だから、彼の守った家系図は「血系図」として世に残ることになったのだ。

文化は物語や格言によってつくられる。1977年から1995年までシスコのCEOを務めたジョン・モーグリッジは、1セントたりとも無駄遣いを許したくなかった。しかし、贅沢に慣れた多くの社員に質素倹約を唱えるだけでは効果がない。モーグリッジはみずから手本になろうと出張では安モーテルに泊まっていたが、それでもまだ見習ってくれない社員も多かった。そこで、モーグリッジはパンチの効いた格言を思いついた。「ホテルの部屋から自分の車が見えなかったら、予算オーバーだ」

経営陣はこの言葉を聞いて、ビジネスクラスも高級レストランも問題外だということを理解した。さらに、この言葉の裏にある大切な点も彼らは理解した。それは、出張の目的は顧客のニーズに応えることであって、会社の金で贅沢をすることではないという点だ。

私が働いていた頃の初期のネットスケープはまるで、ディベートクラブのようだった。すべての意思決定に全員が口を挟み、議論に負けた人は何度でも繰り返し決定事項をむし返した。決めたことに全力を注ぎ、また次に向かうということができなかったので、仕事はまったく進まなかった。

1995年にネットスケープのCEOに就任したジム・バークスデールは、企業文化を変える必要があることをわかっていた。だが、どうやって変えたらいいのか？　反対でもコミットしろと命令すればいいのか？「反対してコミットする」という意思決定のルールは素晴らしいが、逆のやり方が染みついた企業文化にこのルールを取り入れるのは難しい。つばを飛ばして言い合っている最中に、「反対してコミットしよう」と言われれば、どう思うか想像してほしい。「何にコミットするんだ？　俺のアイデアか、お前のアイデアか？」と返されるはずだ。

では、バークスデールはどうしただろう？　彼がつくったたとえ話は強烈に記憶に残り、ネットスケープがなくなったあとも語り継がれたほどだ。バークスデールは全社ミーティングでこう語った。

ネットスケープには3つのルールがある。

ひとつ目は、ヘビを見たらその場で殺すこと。部会を招集したり、仲間に連絡したり、チームを組んだり、会議を開いたりするな。ただ殺せ。

2つ目は、死んだヘビをいじらないこと。すでに決まったことに延々と時間を無駄にする人間が多すぎる。

3つ目は、どんなチャンスも最初はヘビのように見えるということ。


この話はあまりにもわかりやすく面白かったので、彼の言いたいことがすぐにみんなに伝わった。わからないという人がいたら、誰もが喜んでもう一度説明したがった。この話を何度も何度も繰り返し語っているうちに、会社は変わっていった。ヘビを殺すことが重要で、どう殺すかは関係ないと気づくと、新しいものをつくり出そうという力が一気に湧き出てきた。インターネットを世の中に送り出すにあたって、私たちは数多くのヘビに出会った。インターネットにはセキュリティがなかったので、SSL(セキュア・ソケット・レイヤー)を開発した。また、ブラウザの接続情報を保存する仕組みがなかったので、クッキーを開発した。インターネットのプログラミングは難しかったので、JavaScriptを開発した。こうしたソリューションは最適だっただろうか? おそらく違う。だが、問題のヘビはすぐに死に、私たちは死んだヘビを2度といじらなかった。そして、私たちがつくり出したテクノロジーはいまだにインターネットを支配している。

武士道はなぜ、日本社会にこれほど深く浸透したのだろう？　それは、侍が非常に長い時間をかけて、絶え間なく彼らの文化を発展させ洗練させてきたからだろう。そして、心理学のさまざまなテクニックを使ってその習慣を生活に染み込ませ、当たり前と感じられるものにしたからだろう。

それを一言で言えば、「常に死を意識していた」ということだ。

第4章

もうひとつの武士道

シャカ・サンゴールの物語

来るならこいよ　やってみろよ
家族の道連れ覚悟でやれよ
私を舐めるな　嫌なら関わるな
殺しでムショ入り　そんなの余裕だ

——デジ・ローフ

THE WARRIOR OF A DIFFERENT WAY:
THE STORY OF SHAKA SENGHOR

Let a n **gg** try me, try me
I' ma get his whole mothafuckin' family
And I ain' t playin' with nobody
Fuck around and I' ma catch a body

——Dej Loaf

シャカ・サンゴールは戦国時代の侍ではないが、侍に生まれるべきだったかもしれない。哲学的で自制心があり、必要ならどう猛になれるサンゴールには、武士の生活がぴったり合ったはずだ。だが、サンゴールが育ったのはデトロイトのスラム街だった。そして彼は違う種類のサムライになった。

私がサンゴールにはじめて会ったのは、2015年。珍しい出来事が重なって、サンゴールとの出会いに結びついた。きっかけは私がオプラ・ウィンフリーにインタビューするチャンスをもらったことだった。オプラの制作会社OWNが制作した『信仰』という新番組の試写会をアンドリーセン・ホロウィッツで開くことになり、その記念に私たちのポッドキャストにオプラに登場してもらうことになったのだ。私たちの世代でおそらく最高のインタビュアーにインタビューをするなんて、なんとも恐れ多いことだった。まるでアインシュタインに対して相対性理論のテストを出す側に立たされたような気分だった。私はオプラに、インタビューに向かう車に同乗させてもらえないかと頼んだ。私が赤っ恥をかかなくていいように、相手から話を引き出すコツを教えてもらおうと思ったのだ。

車の中で、オプラはこう教えてくれた。「まず知っておかなくちゃならないのは、準備した質問を順番に聞いていくようなやり方はダメってこと。そうすると、相手の話が耳に入らなくなって、一番大切なことが聞けなくなるから。一番大切なのは、追加の質問なの」

確かに素晴らしい指摘だが、そのことはわかっていた。そこで、こう聞いてみた。「すごく突っ込んだ質問をしたときに、相手が言い訳がましくなるのではなくて、心を開いて涙を流したりすることがありますよね。ああいう聞き方はどうやったらできるのか知りたいんです」

するると、オプラはこう言った。

相手が誰でも、インタビューの前にまずその人が何を伝えたいかを聞くの。そして「伝えたいことを話せるように手助けをするから、私を信じてほしい」と頼むの。このあいだのインタビューではこんなことがあったわ。先週『スーパーソウルサンデー』という番組に、シャカ・サンゴールっていうゲストが来たの。殺人の罪で19年間服役し、7年も独房にいた男性だった。ムキムキの身体にドレッドヘアで、タトゥーもあって、外見はすごく怖そうだった。どうして番組に出てくれたかを聞いたら、こう答えてくれた。「人生で犯した最悪の行為によってその人が何者かが決まるわけではない、とみんなに知ってほしかったから。人間はやり直せるってことを伝えたい」私はこう言ったの。「伝えたいことはわかったわ。それが伝わるように助ける。だから私を信頼してほしい」

収録がはじまって、サンゴールにこう質問した。「犯罪者になったきっかけは?」すると彼が「14歳でギャングに入ったとき」でも、私は彼の自伝を読んでいたから、もっと突っ込んで聞いてみたの。「9歳のときの話をしてもらえる? オールAの成績表を家に持って帰ったのに、お母さんから頭に鍋を投げつけられたときのこと。どんな気持ちになった?」するとサンゴールが身体をこわばらせて言ったの。「いい気分じゃなかった」私はそこで踏み込んだ。「私を信じて。どんな気持ちになった?」そしたら、サンゴールが打ち明けてくれた。「俺なんてどうでもいい人間だって思った。俺が人生で何をやっても関係ないんだって」私はこう言った。「道を外れたのは14歳のときじゃない。9歳のときだったのね」そして私とサンゴールは一緒に泣き出した。

私はその話にあまりにも感動して、すぐに妻のフェリシアに話した。でもそれで、とんでもないことになってしまった。妻は世界一のオプラファンで、そのうえ世界一のお人善しで誰とでもすぐに仲良しになってしまう（昔、地元のミスコンで「好感度ナンバーワン賞」に輝いたこともある）。

1週間後、妻は言った。「フェイスブックでシャカ・サンゴールにフレンド申請したわ。私たち、FBフレンドになったの」なんだって？「話、全部聞いてた？人を殺して19年間も刑務所にいたんだぞ。そんな気軽にFBフレンドになっていい人間じゃないだろ！」と私。すると妻が言う。「あら、でも近くに来るらしいから、ディナーに誘っちゃった」やばいことになった。

私は自宅から歩いてすぐの、ジョン・ベントレーというレストランを予約した。もし何かまずいことになっても、ここならすぐに逃げて帰れる。だが結局、3時間夕食を共にしたあとに、サンゴールを自宅に招いてさらに5時間も話し続けることになったのだ。

文化を構築し組織を運営することに関して、私が話した人間の中でサンゴールは最も深い洞察を持つ人物だった。なにしろ、長いあいだ刑務所内ギャングの親玉だったんだから。刑務所ギャング団が統率の難しい組織だったことは間違いない（刑務所内の組織は「ギャング」ではなく宗教組織を自称していた。この本では「団」と呼ぶことにしよう）。サンゴールは強力な文化をつくり上げたばかりか、団をまったく違う組織へと変革した。この本で教えたいスキルを、サンゴールはすべて身につけていた。彼は文化を形づくり、その欠陥に気づき、それをより良いものへと変えていったのだ。

刑務所に入る人間の多くは、破綻した文化のもとで育っている。サンゴールのことを書きたかったもうひとつの理由もそこにある。親に捨てられたり、殴られたりした人も多い。友人の裏切りにあってきた人もいる。そうした人間には、たとえば「約束を守る」といった共通のルールが通用しない。刑務所は、文化を構築するには最も難しい場所だ。ここで文化を築くには、初歩の初歩、基本中の基本からはじめなければならないのだ。

刑務所文化に順応する

ジェームズ・ホワイト（サンゴールの元の名前）は、普通なら大学に入る年齢で、刑務所に入った。大学に入って学生が教わる文化といえばサークルの飲み会くらいのものだ。刑務所がホワイトに教えたのは究極の暴力と脅しの文化だった。刑務所に入ったとき、これからはここが自分の家になるとホワイトは思った。

19歳で刑務所に入り、ここで長い長い刑期を務めるんだと考えた。20年先だって想像もつかない。無限に思えた。ひとつだけ確実なのは、40年後に刑期が終わるってことだけだ。シャバに出たらもう60だなんて、ありえないと思った。

最初に入ったのは郡刑務所だった。入所したとき、いくつかのことに気がついた。まず、中にいる連中は、新入りが自分と昔いざこざのあった人間かどうかを確かめようとする。次に、新入りの弱みにつけ込めるかどうかを見極めようとする。刑務所内には階級があって、それぞれの階級を支配するボスざるみたいな人間がいる。房の外にはデイルームと呼ばれる共有スペースがあって、そこにトイレとシャワーとテーブルがいくつかある。ボスざるは獲物を探すライオンみたいに、テーブルの上に腰掛けている。ボスざるはナンバーツーや手下に比べて、落ち着いている。ボスがライオンだとしたら、手下はハイエナだ。

あるボスざるが俺に、「どっから来た?」と聞いた。質問っていうより、俺を見極めようとしてる感じだった。俺は「ブライトモー」と答えた。「ブライトモア」を地元訛りで発音したので、俺がデトロイトのスラム街出身だとわかって、信頼してもらえた。もし郊外出身だったら、弱みにつけ込まれただろう。次に聞かれたのは、「何でここに来た?」ってこと。俺は「殺し」と答えた。殺しは、たとえば性犯罪なんかと比べればはるかに格上で、性犯罪者は所内で何かと狙われやすい。

そんなわけで、俺はとりあえず安全だったが、これから先は何もかもが格付けテストみたいなもんだとわかった。たとえば、バスケで遊んでるとき、次は自分の順番なのに、誰かが

「俺だ」と言って割り込もうとしたら、そのクソ野郎に順番を譲るかどうか判断しなくちゃならない。もし譲らないとしたら、闘って自分を守る覚悟が必要だ。

ストリートから留置所、そして刑務所までの道は、ひとつの閉じた世界だ。その中では、自分というブランドがかならずつきまとう。ストリートで尊敬され、名前を知られる人間か？　チクり屋か？　隙あらばつけ込もうという空気が充満してるんだ。家族が送ってくれた金を盗まれることもある。レイプしようと狙ってる奴もいる。

初日がすべてと言ってもいい。郡刑務所は「剣闘士養成所」と呼ばれてた。自分の格付けがここで決まるんだ。

州の刑務所に移されたホワイトは、さらに激しい暴力を目の当たりにする。

新入りは2週間検疫所に入って、ほかの囚人たちから隔離される。そのあいだに病気やほかの問題がないか調べられるんだ。検疫所から出た日に、男が首を刺され殺されたのを見た。刑務官がいない場所で、たとえば階段の裏とか、300人の男をひとりの刑務官が監視してる娯楽センターとか、食堂や図書館に向かう廊下とかで、人が刺されるんだ。俺たちが娯楽センターにいたとき、目の前で男が刺された。刺した男は涼しい顔でさらっとやって、ナイフを抜いて食堂のほうに歩いていった。

俺たちは震え上がったね。「なんてとこだ」と思った。刑務所ってのは、究極はこういうところなんだとわかったんだ。で、自分が誰かと対立したらどうしたらいい?って自問した。相手を刺して、そのましらんぷりできるのか?　俺は人を刺したことはなかった。銃で撃ったことはあるが、それは抗争の中で反射的にやったことだ。計画的な殺しじゃない。「よし、あいつを刺そう。どこを狙おうか?　目的は何か?　脅しだけか?　怪我させるのか?自分のなわばりから追い払うのか?　それとも殺そうか?」なんて考えるのとはわけが違う。刑務所では、人を刺すにしても目的はさまざまだ。

相当に残忍じゃなけりゃ、さらっと刺すなんてできない。俺はまだ、そこまで残酷じゃなかった。「生き残りがかかってたら、やれるだろうか?」って考えてみた。刑務所じゃ、何かにビビったり、立ち向かったりしなくちゃならないときになってはじめて、本当の自分が出るんだ。強そうに見えた男たちも、人が刺されるのを見てビビりあがってた。でも俺はそこまでビビってないことに気づいたんだ。いざこざを自分から起こすタイプじゃなかったが、ケンカには慣れてたし、ケンカになると強かった。「かかってこいや」って感じで相手を倒してた。最悪の場合は誰かを刺して生き延びることはできると思えた。

暴力を目の当たりにし、瞬時に深く自分を振り返ったホワイトは、ミシガン州の刑務所文化に自分を合わせることにした。ここで成功するには、自分を変える必要があるとわかったのだ。そして彼は変わった。

刑務所のボスざるになる

ホワイトの刑務所を仕切っていたのは、5つのギャング団だった。スンニ派ムスリム、ネーション・オブ・イスラム、ムーリッシュ・サイエンス・テンプル・オブ・アメリカ、ザ・ファイブパーセンターズ、そしてメラニック・イスラミック・パレス・オブ・ライジングサン、通称メラニックスの5つだ。

この5つの団が商売の元締めになって、団員を守り、ドラッグやタバコを流していた。また厨房にいる仲間から鶏肉や新鮮なひき肉といったいい食べ物を仕入れていた。どこの団にも入らない新入りは、弱みにつけ込まれた。

ホワイトが入ったのはメラニックスだった。メラニックスは刑務所で生まれたギャング団で、ブラックパンサーやマルコムXから引用してきた独自の教義を団員に教えていた。たとえば、自己決定や教育の力を使った黒人の地位向上といったことだ。

メラニックスは、ネーション・オブ・イスラムという全国組織の支部や、コーランに従うスンニ派ムスリムとは対照的な存在だった（シャバのギャング団の支部が刑務所を仕切っているカリフォルニアのような州と違って、ミシガン刑務所の団のほとんどは表向きは信仰を核に組織されていた）。メラニックスはどちらかというと小さな団で、団員は200人ほどだったが、タフな男ばかりで掟《おきて》の厳しい団として知られていた。だが、ホワイトはすぐに、団員たちが掟に従っていないことに気づいた。

刑務所内には、やたらと弁の立つ、カリスマみたいな男たちがいる。そんな男たちがカリスマっぽさを利用して、団員にいろんなことをやらせてる。でも奴らには中身がない。

俺たちのリーダーもカリスマっぽかったが、裏表のある奴だった。たとえば、団にTマンって奴がいた。奴のところには外から金が入ってきてた。団員はそのことを知ってた。でも、そいつは黒人か混血かどっちつかずで、奴がそのことを不安に思ってることもみんな知っていた。そんな奴をだまくらかして、金を巻き上げてる奴らがいたんだ。血筋に自信が持てないと、弱みにつけ込まれる。俺は「こんなことはもうやめようぜ。掟に背いてるじゃないか」と言ったが、奴から金を巻き上げてた上層部はいやがった。だから俺はこう言った。「団員があんたらにつくか、俺につくかだ」若い連中は俺についた。あいつらは正しいことをしたがってた。若い奴らの倫理観のおかげで、俺は上層部に対抗できた。

メラニックスではクーデターを起こして無理やり暴力で支配することはできなかった。同じ団員に暴力を振るうのは、掟で禁止されてたからだ。だから、心理的に懐柔しなくちゃならなかった。俺はソクラテスみたいに、ミーティングで団員にこう問いかけたんだ。「自分たちの掟を守らないリーダーは、本当にリーダーと言えるのか」ってね。そしたら団員も、変わらなくちゃならないと気づきはじめた。自分たちがやると言ったことは何がなんでも守ろうぜっていう俺の考えについてくるようになったんだ。俺がトップに昇るにつれて、昔の上層部の面々は次第にアドバイザー的な存在になっていった。特権はあったが、団を支配する権限はなくなった。

その後ホワイトは、メラニックスの掟に一字一句従うだけではダメだということが、だんだんとわかってくる。

マルコムXの自伝を読んだとき、別の人間になれるかもしれないとはじめて気がついたんだ。変われるかもしれないって思えた。でも、今自分がいる環境でもうまくやっていかなくちゃならない。一方ではマルコムXが「もっといい人間になれる」と俺にささやく。するともう片方でボスざるとしての俺が、「期日までに3ドル返さなかったあのクソ野郎をぶっ殺せ」と叫んでる。俺はインテリのチンピラになっちまったってわけだ。頭の中で2つの声がぶつかり合って、もっとおだやかに対立を解決する方法を考えるようになった。団員には暴力による脅しの手もあることを意識させつつ、男としてのプライドを失わずに物事を解決する道を示すようにした。

ここにきてやっと、ストリートで自分が身につけたことは、悪意と害のあるエネルギーに満ちていたことに気がつきはじめた。そこで名前をジェームスXに変えたんだ。それからは略してジェイXと呼ばれるようになった。でもそのあとで、アフリカについて調べてるときに、シャカ・ズールーという偉大な戦士とセネガルの初代大統領になった詩人で文化学者のレオポルド・サンゴールという人物について学んだ。その2人の名前を取って、シャカ・サンゴールに改名した。

　力を持つってことは責任を背負うってことだ。俺たちが普段やってることが、自分や団員ばかりか刑務所の環境すべてに影響を与えるってことに気づいたのは、ずっと時間が経ってからだった。団員が出所すると、団の文化を外の世界に持ち出すってことにも、あとからわかってきた。だが最初は、これまでとは違うやり方があることに気づかなくちゃならなかった。そして、そのやり方を身につけなきゃならなかった。自分がどんな人生を生きたいかを本当に決めたのは、そのあとだ。この3段階のプロセスを経るのに、9年もかかっちまった。でも9年でそこまでいけたのは幸運だったんだ。俺はボスだったんで、周囲に邪魔されることがなかったから。だから後戻りしなくて済んだんだ。


　メラニックスの掟は複雑だが、仲間の団員に責任を持つことが基本だった。よそ者が団員を殴ったら、団全体が仲間のために立ち上がる。ということは殴った奴はどこの刑務所でも安全じゃいられないってことだ。尊い兄弟分に助けが必要なら、かならず助けにいくのが団の掟だった。仲間のケンカは自分のケンカだ。仲間を助けないような団員は、尊敬できる兄弟分とは見なされず、守ってもらえなくなった。

　サンゴールは次の掟に注目した。仲間の弱みにつけ込まないこと。仲間に暴力を振るわないこと。そして、自分が接してほしいように仲間に接するということだ。そしてこうした掟を団の中に浸透させはじめた。

読み書きがあまりできない団員も多い。だから、中身を理解せずにただ言葉だけ暗記してる奴らもいた。理解してないから、掟を守れないんだ。

そこで文化を浸透させるために、週に1、2回勉強会を開くことにした。俺が教育責任者になって、ナイーム・アクバーの『ビジョンズ・フォー・ブラックメン』『マルコムX自伝』、ジェームズ・アレンの『「原因」と「結果」の法則』（サンマーク出版）、ナポレオン・ヒルの『思考は現実化する』（きこ書房）といった本をみんなで読んだ。これらの本の基本要素を解説した教則本を俺が書き、団員全員の必須読本にした。入団してから2年で俺はメラニックスの文化リーダーになった。つまり、この団のリーダーになったってことだ。若い連中は俺にすごくなついてくれた。誰でも、信じられる何かがほしいんだ。

自分たちの文化を自分が尊重できないようなら、誰にも自分を信じてもらえなくなる。この団の掟は俺の本心から出た掟だった。俺はその掟を信じていた。守り続けたいと思った。その気持ちが組織文化をいい方向に向かわせた。

サンゴールはどのように文化的な規律を団全体に浸透させたかを教えてくれた。

たとえば、団員が俺とお前とカーシューの3人だとしよう。カーシューが、あるクソ野郎から何かを奪ったとする。でもそのクソ野郎とその仲間がカーシューに復讐しようとしてるって噂が流れてくる。つまりここに対立が生まれたってことだ。俺たちの掟では、仲間には手を出させないと決まってる。だが、団の品位を汚すようなバカなことはしないっていう掟を、カーシューは破ってるわけだ。俺たちは団員を守る責任がある。でも同時に組織を守る責任もある。そのうえ、外向きには何かを盗られた奴に対応する責任もある。

ダメなリーダーなら「何人か下っ端を送って、クソ野郎をボコって」、それから団員の不始末を処理するだろう。俺が刑務所に入ったときは、それが当たり前だった。でも俺たちがそうやってると、ほかの団のほうが格上に見られるようになる。俺たちが団員に勝手なバカを許してると言われてもおかしくない。そこで俺はこれまでとはやり方を変えて、クソ野郎のほうじゃなくてカーシューに罰を与えるようにした。カーシューに相手に謝らせ、罰金を払わせたのだ。

外部との対立をこのように扱えば、団の内部の人間も、それをお手本にする。逆に、こうしなければ、外部の者をどう扱うかが身内の扱いに跳ね返ってくる。

ターニングポイント――意図しない結末

サンゴールはメラニックスの団員たちに掟を守らせていたが、団の掟自体は昔から変わっていなかった。しかし、ネーション・オブ・イスラムとの対立をきっかけにサンゴールは何もかも考え直すことにした。

ミシガン州の刑務所では、団をどう運営するかについて、2つの違う流派が存在していた。ひとつの流派はジャクソン州刑務所で行われていたやり方で、年長の囚人たちが支配していた。もうひとつはミシガン少年院で俺たちがやっていた方法だ。ジャクソン刑務所では、囚人がハードドラッグ（ヘロインなどの中毒性の高い違法薬物）を手に入れることができ、薬物を使って中毒者を操り、敵を排除させていた。鉄砲玉を数多く抱えている団が強いとされていた。

俺たちの団は誰もヘロインに手を出していなかったので、ヤク中を使ったビジネスモデルはそもそも成り立たなかったが、いずれにしろ俺はそんなやり方をするつもりはなかった。操縦と見返りの上に成り立つ組織は弱い。そんな組織はここぞという時に闘えない。戦時に必要な資質がないからだ。その資質とは、忠誠心とコミットメントだ。

俺は帰属意識と忠誠心をメラニックスの土台に据えた。それは団員選びからはじまった。メラニックスに入るには2つの条件があることをはっきりさせた。団の依頼を実行して、終身刑になる覚悟があること、または死ぬ覚悟があることだ。

また入団したあとでも団に残り続けるには、決められた振る舞いを守ることだ。差別用語と罵り言葉は禁止。喫煙者でも、団のバッジを着けているあいだは禁煙。大麻や飲酒も、刑務官に見つかるようではいけない。知性と自制心のない証拠だからだ。弱いと見られる行為や無礼な振る舞いも禁止。靴はいつも磨いて、囚人服も清潔でアイロンがかかっていなければいけない。加えて、毎日運動し、食堂で一緒に食事をすること。俺は規律と絆の重要性を強調した。

俺たちの団はライバルに比べると頭数は半分もいなかったが、ケンカがはじまると俺たちは全員がすぐに向かっていけたのに、ライバル団は8割が逃げ出した。だから、俺たちにケンカをふっかける奴はいなかった。

俺たちの掟が試されたのは、ストーニーって奴がここの刑務所に入所することになったときだ。ストーニーは女を殴って喜んでるような腐ったDV男で、俺たちの団員の娘を殴り殺してたんだ。忠誠の掟を考えると、奴を殺すほかなかった。団員を守り、その娘を殺した奴に仇討ちもしないようじゃ、俺たちのやってることすべてが口だけってことになっちまう。

ストーニーは入所してすぐに、ネーション・オブ・イスラムの礼拝に顔を出しはじめた。それは新入りが身の安全を確保するためによくやることだった。ネーションは強大な組織で、ミシガンの刑務所だけでなくアメリカ全土の刑務所で力を持っていた。ネーションの団員には誰も手を出せなかった。

俺はネーションのボスだったマニーマンに会うことにした。ストーニーを殺るしかないんだと説明した。それでも、ネーションを尊重して、あっちからストーニーを俺たちに引き渡すチャンスを与えたほうがいいと思ったんだ。マニーマンは俺の頼みを真剣に聞いた上でこう答えた。「奴をくれてやってもいい。だが、おたくの団員でうちの団員のいとこを殺した奴がいる。その男と引き換えだ」

奴と交換でうちの団員を差し出すとなると、団の忠誠の誓いを破ることになる。そこで俺はこう返事をした。「うちの奴は正式な団員だ。ストーニーはおたくの客人だが正式な団員じゃない。その条件は飲めないな」

3週間交渉を続けたが、話は進まなかった。俺は心を決めなくちゃならなかった。ネーションと戦う覚悟でストーニーを殺るか、団の文化が傷ついても奴をそのままにしておくか。俺は前者を取った。最も忠誠心の厚い団員2人と話をつけた。どちらも終身刑でシャバに出られないことはわかっていた。その2人にやるべきことを伝え、2人は迷いなくやってくれた。それから、報復を待った。

だが報復はなかった。俺たちはとんでもなく団結が固かったから、あのネーションでさえ、たかが客人のために戦争をはじめようって気にはならなかったんだ。マニーマンも結局、俺たちの力と論理を尊重してくれた。

俺のこの判断で、団の団結はさらに固くなった。だが、この一件で、俺の考えとは裏腹な文化の側面が強まっちまった。俺たちはとんでもなく残忍な団になっちまったんだ。

サンゴールは刑務所文化を学び、吸収し、細かく改善を重ね、組織の中で出世していった。そして団のトップになってからは、新たな選択肢に直面し、内省を深めた。命に関わる判断を下し、品位を保つことに務めてきたはずが、その積み重ねから彼の望まない文化ができ上がってしまった。

組織文化は奇妙なものだ。文化は信条ではなく行動の積み重ねなので、思った通りには絶対にいかない。だから「一度決めたら放っておく」のではダメなのだ。常に自分たちの文化を検証し修正していかなければ、本物の文化にはならない。サンゴールはこのよくある問題に手をつけはじめた。

そのときの俺はまだ、団の掟に従うことしか考えてなかった。許しや寛容さなんてことは頭になかったんだ。俺たちがやってきたことが、誰かの家族を傷つけてることに気がついてなかった。

やり方を変えたほうがいいかもしれないとはじめて気づいたのは1995年だった。ルイス・ファラッカン率いるネーション・オブ・イスラムが100万人行進を企画したときだ。行進の日が近づくと、刑務所の管理者たちはパニックになった。何が起きるかわからなかったからだ。刑務官はやりすぎなくらいに厳しく所内を取り締まるようになった。俺の団の連中は中途半端な思いつきで、何かしでかそうとたくらんでた。

団員たちが俺のところにきて、ハッスルマンって奴がこう言った。「俺とマーチで、行進の日に誰でもいいから白人の囚人を殺ろうと思ってるんだ」

俺は、くだらなすぎると思ったしマジであきれた。自分を愛するってことは他人を憎むことじゃないはずだ。そこで俺はハッスルマンにこう言ったんだ。「そんなにやりたきゃ、白人の刑務官でも殺ってみるか?」ハッスルマンは凍りついた。「それができないなら、どっかの白人を殺ろうなんて口に出すな。あいつらだって虐げられて身動き取れずに俺らと同じように苦しんでんだ」連中はただお手軽に殺れる相手がほしかっただけだ。厳しいことに立ち向かう勇気なんてなかった。聞く前からそれはわかってた。

組織文化と自分自身を変える

サンゴールが自分の力の大きさを自覚してからは、団の文化を変えることに意識を集中しはじめた。

俺の意識がガラリと変わったのは、ある事件があってからだ。デトロイトの橋の上で起きた交通事故がきっかけだった。若い女の車が男の車にぶつかった。男は車から飛び出て女に襲いかかりそうになったため、女は怯えて橋の上から飛び降り、溺れて死んだ。当時それがアメリカ中でニュースになった。男がこの刑務所に入ることがわかると、ここの連中がこぞって「可哀想な女の仇を俺らが取ってやる」と息巻いてた。

それを見て、俺はこう思ったんだ。俺たちに対して同じ想いを持ってる家族がいるはずだってね。そこで、連中を招集したんだ。俺は中庭で連中を問い詰めた。

「例の男は俺の知り合いでもなんでもないが、奴に手を出すんじゃねぇ」

理由をわからせるために、一人ひとりにこう聞いていった。「お前、なんでここに入った？」「殺人未遂」「お前が殺そうとした奴の家族は、お前を殺したいと思ってるだろうな」それからまた次の男に同じことを聞いた。「傷害」相手の家族がそいつのことをどう思ってるかを聞いた。そうやって聞いていくうちに、みんなだんだんと軽口をたたけなくなった。自分だってばかなことをやっちまったのに、まだ誰からも刺されてなくてよかったって気がついたんだ。暴力に暴力で返しても仕方がないし、誰かを痛めつけても自分の悪さが消えるわけじゃないってことを、俺はそうやって伝えたんだ。

この出来事をきっかけにサンゴールは変わり、団もまた変わった。この判断で、目の前の霧が晴れるように、頭の中がすっきりとした。リーダーは、しばらくはもやっとした状態で進んでいても、どちらかにはっきりと決めなければならない瞬間がくる。その時に進化できる人間もいれば、楽な道を選んで道徳的に堕落してしまう人間もいる。サンゴールはこの事件を自身を変えるきっかけにした。

俺は自分の欺瞞《ぎまん》に気づいたんだ。進化してる俺自身の掟じゃなくて、刑務所の掟に囚われて争いを解決してた。それからは、自分が正しいと思う規範と同じ方向に組織を向けるにはどんな段階を踏んだらいいかを考えはじめた。

これには時間がかかる。そこで、かならず団員たちと一緒に食事をすることにした。ラーメンや乾燥ソーセージやチーズや新鮮なひき肉や鶏肉といった特別な食事もかならずみんなで分け合った。昼飯時には俺が配った本について話し合った。そうした絆とお互いが面倒を見合ってる感覚が、組織を大きく変えた。

刑務所の文化を変えれば、シャバに出てから子供のために環境を変えてやれると思ったんだ。俺たちはみんな同じように壊れた、ぐちゃぐちゃな環境からここに来てたんだ。たとえるとしたら、こんな感じだ。自分が建設業者で、誰かにこう頼まれたとしよう。「ここに土地と100万ドルがある。この土地に家を建ててくれないか?」そこで最高の家を建ててあげた。家主はそこに引っ越したが、家族の具合が悪くなっていく。実は昔そこはゴミ捨て場で、土壌が汚染されてたからだ。

今の刑務所の更生プログラムなんか、薄っぺらすぎて話にならないね。たとえばSTPってのがある。「止まれ、考えろ、実行しろ」ってやつだ。厄介なことになりそうだと思ったら、いったん立ち止まって考えればいい行いができるってわけだ。そんなわけないだろ。精神療法も受けてみたが、現実とはかけ離れてた。どうでもいいことで母親に殺されそうになった話なんて出てこねえ。カウンセラーから「おそらく一生ここからは出られないだろうね」って言われたよ。とんだ精神療法だぜ。ゴミ捨て場の上に理想の家を建てようとしてるようなもんだ。誰も土をほじくり返して土壌を何とかしようとしてないんだ。

俺はリーダーの立場を利用して毎日授業みたいなことをやった。たとえば、「本物の男の本音トーク」と題して、心の知能指数について深く掘り下げてみたりもした。俺の授業はいつも満員で、いろいろな現実の問題についてとおりいっぺんじゃない深い話ができた。そうやってるうちに、刑務所の管理者から「共感とトラウマとの付き合い方についてセミナーを聞くのを手伝ってくれないか？」なんて頼まれるようになった。昔は俺を悪魔扱いしてた刑務所運営者から、信頼されるようになったんだ。

俺は、一度は刑務所で残忍な人間として行き着くところまでいっちまった。だから、授業なんてやっても俺の得にはならないことは連中にはわかってた。俺はただ、奴らにいい人間になってほしかっただけだ。今は出所した連中にとって、刑務所での経験が役に立ってるのがわかる。奴らは生き生きと正しい人生を歩んでるんだ。心の底からうれしく思っている。

サンゴールは、自分が別人になる必要があると気づき、団をさらに強く結束させなければならないことに気づいた。そこで、文化を変えるために一番効果のあるテクニックを使った。それはいつも一緒にいることだ。かならず一緒に食べ、一緒に運動し、一緒に学ぶことで、実行中の文化改革を仲間に意識させ続けた。毎日顔を合わせて文化について話し合っていれば、仲間にもその大切さが伝わるということだ。

シャカ・サンゴールの今

シャカ・サンゴールが出所してから10年が経った。今の彼はベストセラー作家であり、現代社会の真のリーダーだ。
　俺は出所したら若い奴らに話をする責任があるとずっと思ってた。人生を振り返って、自分がどんな人間にもなれたはずだったことに気づかされた。医者にも弁護士にもなれたはずだってね。あれほど才能のある子供が、どこで間違ってチンピラに成り下がったちまったんだ？　能力を活かして道を開きたかったのに、ギャング文化によって俺という人間が決まってしまった。

シャカ・サンゴールとは何者なのか？　冷酷な犯罪者で刑務所ギャングのボスざるなのか？それともベストセラー作家で、刑務所改革のリーダーで、より良き社会の貢献者なのか？　サンゴールはそのどちらにもなれる。そしてどちらになるかを決めるのは文化の力だ。自分を変えたければ、自分のいる文化を変えなければならない。この世界にとって幸いなことに、サンゴールは文化を変え、自分を変えた。サンゴールがやったことこそ、彼が何者かを一番よく表している。

第 5 章

サンゴールのテクニックを使う

俺からカネを奪う奴は　ぶちのめす　ぶっ潰す
俺にとってはカネがすべて
カネの価値をわからないバカが
勝手に俺に嫉妬する

――ノトーリアス B.I.G.

SHAKA SENGHOR APPLIED

Big poppa smash fools, bash fools
N*gg*s mad because I know that cash rules

――Notorious B.I.G.

文化は抽象的な原則の集まりだが、文化が生きるか死ぬかは組織に所属する人々の行動次第だ。この理論と実践のギャップが、リーダーにとっては何よりの悩みどころだ。自分が見張っていないときに組織が正しく行動できるようにするにはどうしたらいいのだろうか？　自分の指示した振る舞いがかならず望ましい文化につながるようにするには、どうしたらいいだろうか？　どうしたら現場で起きていることがわかるだろう？　うまくいったかどうかは、どうやったらわかるだろうか？

サンゴールの経験から浮かび上がる、リーダーへの教訓は2つだ。

1　リーダーが自分たちの文化をどう捉えているかはあまり大切ではない。リーダーや上層部が思う自分たちの「企業文化」は、社員の体験からはほど遠い。検疫所から出た日のシャカ・サンゴールの体験は、彼をまったく別の人間に変えてしまった。重要なのは次の問いだ。この組織の中で生き残り、成功するために社員がしなければならないことは何だろう？　どう振る舞えば組織に馴染み、どう振る舞えばつまはじきにされるのか？　どう行動したら先頭に立てるのか？

2　初期設定が大切だ。どんな生態系にもデフォルトの文化がある（シリコンバレーでは、カジュアルな服装、社員株主、また長時間労働といった要素がデフォルトとして文化に組み入れられている）。ただし、何も考えずにデフォルトを使い続けてはいけない。

■自分が理解していない原則を取り入れているかもしれない。たとえば、インテルがカジュアルな服装規定を取り入れたのは、実力主義を徹底するためだった。インテルでは高価なスーツを着た上層部のアイデアではなく、最も優れたアイデアが勝つべきだとリーダーたちが考えたからだ。今のシリコンバレー企業の多くはこの歴史を知らずにカジュアルな服装だけを取り入れて、その土台になる実力主義を取り入れていない。

■他社の文化はあなたの会社には合わないかもしれない。インテルではトップエンジニアの判断が経営陣の判断と同じくらい大切だったから、こうした規定があった。ファストフード業界では、インテルの文化はおそらくうまくいかないだろう。

では、詳しく見ていこう。

文化は人を変える

サンゴールが足を踏み入れた刑務所の文化は、そもそも犯罪行為を矯正する目的でつくられていたのに、実際は逆に犯罪を助長することになっていた。なぜアメリカの刑務所システムはそんな文化をつくってしまったのだろう？　運営者は刑務所の文化をわかっているのだろうか？　この文化が何を引き起こしているかを知っているだろうか？

リーダーは、自分たちの文化をどうしたら正しく把握できるだろう？　簡単そうだが、これが意外に難しい。

「すごく厳しい」「傲慢」といった社内の声に驚くリーダーは多い。現場で起きていることを直接確かめようとすると、「ハイゼンベルクの不確定原理」の罠にはまってしまう。つまり文化を把握しようとすると、そのせいで結果が変わるのだ。経営者が管理職に「うちの文化はどんなものだろう？」と聞けば、経営者が聞きたい答えしか返ってこない。経営者が聞きたくなさそうなことはおくびにも出さないはずだ。答えを「管理」するのが「管理職」なのだから。

真の企業文化を理解するのに一番いいのは、管理職の言うことを聞くのではなく、新人の振る舞いを見ることだ。この会社に馴染み、生き残り、成功するにはどう振る舞えばいいと新人は見ているだろう？　それがこの会社の真の企業文化だ。管理職は飛ばして、新人に入社初週が過ぎてから直接聞いてみるといい。この会社のダメなところ、悪い習慣、違和感を持った考え方も忘れずに聞き取ろう。これまでに働いた職場とどこが違っているか？　良いところだけでなく悪いところも聞いてほしい。そしてアドバイスを求めよう。「もしあなたが経営者なら、最初の週の経験をもとに、どう文化を改善する？　どこを強化するだろう？」そう聞いてみてほしい。

サンゴールは刑務所に入った日の話をしてくれたが、もう30年近く前のことなのにまるで昨日のように覚えていた。新入りは初日や初週に細かいことまですべてを観察し、自分の立ち位置を見極めようとする。文化が刷り込まれるのはその時だ。誰かが首を刺されるのを見れば、なおさらだろう。

また、権力構造を見極めるのもこの時だ。仕事をやり遂げるのは誰か？　それはなぜか？

どうやってその地位に昇ったのか？　同じことが自分にできるか？　また同時に、自分が初日にどう振る舞うか、そして周囲からどう見られるかで、社内における自分の立ち位置と可能性が決まり、自分のブランドが決まる。

企業文化の第一印象はなかなか覆らない。だからこそ、新入社員のオリエンテーションは、「企業文化のオリエンテーション」だと考えたほうがいい。それは、望ましい文化と、それをどう実践するかをはっきりと伝えるチャンスだ。何をしたら褒められるのか？　何が望ましくない振る舞いで、何をしたら罰せられるのか？　入社したときの刷り込みは強く、第一印象はあとあとまで尾を引くからこそ、適切な入社のプロセスが何よりも大切になる。あなたの会社の採用、面接、オリエンテーション、研修、配属のプロセスが、よく練られて体系化されていれば、言うことはない。その一部でも偶然に任せていると、企業文化もまた偶然に任される。

企業文化の要素は組織内だけのことで、社員は会社にいるあいだだけそこの企業文化の枠内で行動するものだと考える人は多い。現実には、起きている時間のほとんどを過ごす職場での行動が、その人を形づくる。職場の文化は伝染しやすい。社長が社員と浮気していれば、みんなもそうするようになる。会社でみんなが汚い言葉を使っていると、社員は家でも汚い言葉を使うようになる。

だから「いい人」を採用し、「悪い人」を落としても、誠実な企業文化を築けるとは限らない。入社したときは誠実でも、その環境で成功するには誠実でいられないかもしれない。サン＝ドマングの奴隷文化に染まったアフリカ人が、その後ルーベルチュールのもとで優れた兵士になったように、人は馴染みの文化そのものになり、生き残りと成功に必要な行動を取るようになる。

掟《おきて》に生きる

サンゴールの先人たちはみずからの掟を実践せず、その地位を追われることになった。リーダーはみずからの掟を信じていなければならない。自分が従わない文化規範を組み入れても、いずれ崩れてしまう。

たとえば、フィードバックが大切でないという企業経営者にはお目にかかったことがない。お互いに意見を言い合える透明性のある文化を誰もが望んでいる。一方で管理職に人事評価を書かせても、自分では人事評価のフィードバックを書かない経営者は多い。私がCEOだった頃、私を含めて全員に部下の人事評価のフィードバックを義務づけた。部下全員への人事評価を書き上げなければ、部下の誰も昇給もボーナスも受け取れずストックオプションも増やせないことにしたのだ。だから人事評価書面の提出率はいつも100パーセントだった。部下から恨みを買いたくないからだ。文化を貫くという意味で、フィードバックは、私にとってそれほど大切なものだった。

私のルールは自分を守るためのものだったとも言える。偽善的なリーダーは、言行一致のリーダーに取って代わられる可能性が高い。みずからの原則を信じることは必要だが、それだけでは十分ではない。サンゴールと同じことをしなければ、原則をチームに根づかせることはできない。

チームの出発点がどこかによって、それが比較的軽い努力でできることもあれば、とんでもなく大がかりな取り組みが必要になることもある。いずれにしろ、リーダーが掟に従って行動することで組織文化が確立するだけでなく、リーダーとしての立場も強固になる。

あなたがカリスマ性のあるリーダーなら、実態とは違う文化を語っても許してもらえるかもしれない。少なくともしばらくは、信じてもらえるだろう。だがそれでは、社員はあなたが求めるような行動を取らないし、あなた自身も自分が語った通りの人間にはなれない。

組織文化はすべてに波及する

社外のライバルに対抗するため、容赦なく敵を叩き潰すような企業文化を築いたとしても、社内の仲間に対してはそんな厳しい態度を脇に置くことができると思っている人は多い。職場で失敗した人をいじめあげるような文化に加担していても、仕事場を出たらそんな態度を捨てられると思っている人も多い。だが、それは不可能だ。ある種の振る舞いがいったん身につくと、どこにいってもそれが出るようになる。

たとえば、あなたが管理職だとしよう。あなたの会社には、「お互いの背中を預け合う」文化がある。つまり、苦しいときにはお互いに支え合うことになっている。販売代理店のひとつが今、大型契約を結ぼうとしている。そしてあなたの部下のひとりに手を貸してほしいと頼んできた。だがその社員は忙しく、この件を取りこぼしてしまう。姿も見せず、電話もせず、助けもしなかった。販売代理店は契約を逃したことにカンカンになり、管理職のあなたに怒りをぶちまけた。ここであなたは部下を支えるか、それとも販売代理店を支えるか？　あなたの忠誠心は企業文化に対するものか、それとも身内に対するものか？

直感的に身内への忠誠心を優先するほうが自然かもしれない。もしそう感じたら、苦しいときにお互いを支え合うという原則の裏には、社内で信頼と忠誠心を育むという目的があることを思い出したほうがいい。社内と社外ではまったく違う原則を適用し続けることはほぼ不可能だ。あなたが部下を守れば、部下は2つの教訓を学ぶだろう。（1）あなたが彼を守るということ。そして（2）ヘマをやらかしても何事もなく許してもらえるということだ。あなたが販売代理店にどう接するかを部下たちは見て、そのうちに社員同士も同じように接するようになる。

サンゴールも言うように、文化は伝染する。

掟を盾に取るとき

サンゴールの団員たちが白人の囚人を殺そうと画策していたとき、彼らは団の掟を自分のいいように解釈していた。これはよくあることだ。ウーバーのCEO、ダラ・コスロシャヒはこれを「文化を盾に取ること」と呼んでいる。サンゴールの団員は「自分を愛し、抑圧と闘う」という文化のいち要素を盾に取って、自分たちのステータスを上げようと目論んでいた。殺しやすい相手を狙うことで、「殺し屋」としての格を上げようとしていたのだ。そこでサンゴールは、ターゲットの難易度を高めて、罪の重大さを上げることで、団員の本当の動機を暴いたのだった。

スラックの創業者でCEOのスチュワート・バターフィールドもまたそんな状況に直面することになった。「共感」というスラックの核になる文化的理念のひとつが、意図しない結果を生み出してしまったのだ（武士はわかっていたように、行動は理念にまさる。このことをみんなが理解するまでは、多くの会社が企業理念を掲げ続けることだろう）。「共感」という企業理念は主に顧客に向けたものだったが、同時に、同僚への理解を深めることで社内のコミュニケーションを改善する目的もあった。たとえば、エンジニアがプロダクトマネジャーの苦労や、顧客データを手に入れるプロセスを本当に理解できれば、プロダクトマネジャーの話を真剣に受け止めるようになるだろう。

それなのに、同僚と協力していい仕事をしたり、プロとしてレベルアップするのに必要なフィードバックを上司から受けた数人の部下が、「共感」という企業理念を逆手に取って、「そんなフィードバックをするなんて、部下への共感が欠けている！」と反論しはじめた。彼らは、共感を使ってコミュニケーションを改善するどころか、自分の気に入らないフィードバックを禁止しようとしたのだ。そのため、管理職の中には、共感が足りないと批判されることを恐れてフィードバックをためらい、何も言わなくなる人間が出てきた。

バターフィールドは、どの行動が企業文化に沿うもので、どの行動が沿わないものかをはっきりと周知させる必要に迫られた。そこで、「共感」から離れて、彼が企業文化に組み入れたかった別の理念を重要視することにした。それは、「協力」だ。そして、この理念が何を意味するかを具体的に示した。スラックにおいて「協力」とは、誰もがどの立場でもリーダーシップを取るということだ。協力しない人たちが組織の足を引っ張ることを、協力する人はわかっている。協力する人は協力しない人を助けて、みんなでさらにいい仕事をするか、まるきり排除するかのどちらかになる。

組織文化を変えるために自分を変えなければならないとき

組織の文化には、リーダー自身の価値観が反映される。サンゴールは結局、理想の組織文化を築くために、彼自身を変えなければならなかった。企業経営者もまた同じ試練に直面する。だが、彼らの多くは自分を「善良な人間」だと思い込み、欠点から目を背けてしまう。それが危険な結末につながる。

ラウドクラウドのCEO時代に私は、幾度となくそんな経験をした。その度に、間違った方向に向かってもおかしくなかった。ある四半期に、売上は好調だったが、受注額は低調だった。受注額とは、将来売上に計上されることが保証された契約を指す会計用語だ。その四半期のあとで、一部の社員が、売上の保証されていない契約を、受注額に見せかける巧妙な方法を思いついた。保証された契約と保証されていない契約を同じ項目に放り込んで受注額として公表すればいいという案だった。私は受注額の未達を避けたかったし、厳密にはウソでも違法でもなかった。これでなんとか乗り切れるだろうか？　私は試してみるほうに傾いていた。つまり、法律に違反しない限りはいい、ウソはついていないとシラを切り通すつもりになっていた。

するとと法律顧問のジョーダン・ブレスローがやってきてこう言った。「ベン、この件にはどうしても乗り気になれないんだ」「ジョーダン、どうしてだ？　ウソをつくわけじゃない。それに受注額が未達になるとメディアが騒ぐし、そうなったら顧客の信用を失い、次の四半期も目標未達になって、クビ切りをしなくちゃならなくなる」と私。するとブレスローはこう言った。「そうだな。でも、ウソじゃないかもしれないが、真実と違うことが世間に伝わるしまった。ブレスローの言う通りだ。

そこで私はルールをつくった。今後は一般会計基準に基づいて、外部監査法人の監査を受けた数字だけを公表すると決めたのだ。「ウソをつかない」のではなく、「人々に確実に真実を伝える」ことへと企業文化を変えるためには、私が変わらなければならなかった。この転換は、「信頼」という私たちがもともと目的にしていた企業理念から生まれたものだった。ルーベルチュールの章でも話したように、信頼はコミュニケーションの土台だ。自分が口にしやすい「真実」だけを語っても、信頼は築けない。正真正銘の真実を伝えることが、信頼につながる。だが、ブレスローが止めてくれなければ、私はおそらく間違った方向に進んでいたはずだ。

目先の結果を出すことを迫られると、企業文化などただの観念にすぎず、あと回しでいいように思えてしまう。企業文化は戦略投資だ。あなたが見ていないところで会社が正しいことをするための投資なのだ。

いつも共に過ごすことで文化を変える

サンゴールはメラニックスを劇的に変えようと心に決め、毎日のミーティングでの鬼気迫る話しぶりで団を方向転換させた。このやり方は、企業文化を変える際の最も効果的な手段になる。

私は最近、コミュニティリーダーのためのソフトウェア開発会社、ネーションビルダーのCEOであるリア・エンドレーズに、サンゴールのやり方を見習うように勧めてみた。ネーションビルダーの経営は赤字すれすれで、エンドレーズはイライラしていた。というのも、売掛金回収が最優先だと全社員に念を押しているのに、誰もそれを十分に気にかけていなかったからだ。リアとの会話はこんな感じだった。

リア：売掛金の回収が心配で仕方ないんです。回収会社に外注しても、あまり気にしてもらえなくて。現金残高は低いし、先月は貸し倒れにあいました。あと何度か取りっぱぐれたら、もう終わりです。

ベン：チームで取り組んでる？　今月はいくら回収しなくちゃならない？

リア：チームはいます。今月は少なくとも110万ドル必要。

ベン：今が危機的状況で、チームに動いてほしいなら、メンバーと毎日顔を合わせなくちゃだめだ。必要なら1日2回でも会わないと。そしたら、売掛金回収が最優先だって伝わるはずだ。ミーティングのはじめに、こう言うんだ。「私のお金はどこにあるんだ？」ってね。そしたらきっと、メンバーはいろいろと言い訳をしてくるだろう。「誰それから電話をもらうはずだったのに、まだない」とか、「システムが正しい情報を教えてくれなかった」とかなんとかね。その言い訳が大事なんだ。君が知らないのはそこだから。「フレッドがメールに返信しなかった」って言い訳されたら、君が直接フレッドに連絡してもいいし、言い訳をしたメンバーにもっとしつこくフレッドに食い下がれと言ってもいい。最初はミーティングが長引くが、2週間も経てばすぐに終わる。「私のお金はどこにあるんだ？」って聞いたら、メンバーは「ここだよ、リア」って言いたくなるよ。

2週間後。

リア：ありえない言い訳をする人がいましたよ。もうビックリ。自動督促メールのせいだって言い訳もありました。たった一行、支払いが遅れてるって書いてあるだけで、何をしたらいいか書いてないからって言うんです。「じゃあ、そのクソメールをとっとと直して」って言いました。多少は進歩してる感じです。私がお金を回収したがってることは伝わりました。

四半期の終わり。

リア：9月は160万ドル回収できました！　チームのみんなは、「私のお金はどこにある⁉」って言葉を楽しみにしてますよ。

口先であなたの望みを伝えるだけでは文化は変わらない。差し迫った必要があることを部下に実感させなければならない。

第 6 章

チンギス・ハン

多様性の達人

アンセムと化したラップの名曲
元々はギャング・抗争・差別
その元々は生まれつきの焼印
黒いジェロームは白いブランドンよりも刑期が長い
空港では毎回荷物のランダムチェック
奴らは毎回たまたまだとのたまう

——カニエ・ウエスト 『ゴージャス』

GENGHIS KHAN, MASTER OF INCLUSION

Inter century anthems based off inner city tantrums
Based off the way we was branded
Face it, Jerome get more time than Brandon
And at the airport they check all through my bag and
Tell me that it' s random.

——Kanye West, "Gorgeous"

チンギス・ハンは歴史上最も優れた軍事指導者だった。これほど広大な領土をひとりの男が征服したことはかつてなかった。しかも、チンギス・ハンは数々の驚くべき作戦を繰り出して、この偉業を成し遂げた。彼が支配した領土はおよそ3300万平方キロ。ペルシャ湾岸から北極海までの、アフリカ大陸に匹敵する広さの領土をわずか10万の兵士で征服したのだった。

今の時代、多様性のある文化を築くのに苦労している企業は多い。しかし、チンギス・ハンは1000年も前にこの難しいスキルを自分のものにしていた。彼はひとつの地続きの帝国の中で、中国とペルシャとヨーロッパの人々を支配下に収め、イスラム教、仏教、キリスト教信者を統治し、カニバリズムの風習のある民族さえ治めていた。チンギス・ハンが築いた帝国の基盤は極めて強固で、彼の死後150年にもわたって領土は広がり続けた。

犬に怯え、ちょっとのいじめで泣き出してしまうほど怖がりで、地の果ての小さな遊牧部族でのけ者として育ったテムジンという名の少年が、どうやってこれほどの偉業を成し遂げたのだろう？　どのような文化的イノベーションが彼の成功を可能にしたのだろう？

テムジンが生まれたのは1162年。場所は、現代のモンゴルのシベリアの国境にほど近い、世界で最も過酷な不毛地帯だった。『元朝秘史』（岩波書店）によると、テムジンは大きな血の塊を握りしめて生まれてきたとされている。それはテムジンが征服者となる予兆だった。

テムジンが育ったのはタイチウトの小さな部族だった。モンゴルにあった13の部族のうち有力だった2つの部族のひとつがタイチウトだ。部族の中でそこそこの地位にあった父親のイェスゲイは、その後テムジンの母となるホエルンを誘拐し、第二夫人にしていた。その昔、未来の妻を誘拐する行為は普通のことだったのだ。当時15歳だったホエルンはすでに結婚していた。新しく夫婦となったイェスゲイとホエルンは、第一子をテムジンと名づけた。ちょうどその頃、イェスゲイが捕虜にし、処刑したテムジン・ウゲの名にちなんだ名前だった。和気あいあいのホームドラマにはほど遠いが、その後「偉大なる英雄」となる男にはふさわしい生い立ちである。

子供の頃のテムジンの風貌はわからないが、成人したテムジンは強面だったようだ。フランク・マクリンは『チンギス・ハン――世界を征服した男』にこう書いている。「屈強で、背が高く、眉は太く、ヒゲが長く、目は猫のようだった」そのせいで、「落ち着いて、冷酷で、計算高く、自制心のある人間に見えた」のちにテムジンは、残虐で強奪的なみずからの世界観を自慢げに語っていた。

反逆者を制圧し、敵を征服して根絶やしにし、何もかも奪い取り、その召使いをいたぶり、滂沱《ぼうだ》の涙を流させ、その去勢馬に跨り、敵の妻を寝取り、その身体を弄ぶのが、男の喜びであり快楽である。

これが、モンゴルの男の生き方だった。テムジンが8歳か9歳の頃、父親に連れられ花嫁探しに出かけることになった。近隣の部族に立ち寄り、ある家族のもとに泊まったとき、ボルテという娘に出会った。テムジンとボルテは惹かれ合い、父親たちはふたりを許婚《いいなずけ》にすることにした。テムジンはボルテの家族のもとに羊飼いとしてとどまり、そのあいだにテムジンの父親が結納金を貯めて、しばらくあとで結婚させることになった。

3年後、テムジンの父であるイェスゲイは、昔自分が殺したテムジン・ウゲの部族であるタタル族と食事を共にした。イェスゲイは自分の身元をうまく隠せなかったのか、タタル族に毒殺されてしまう。死に際にイェスゲイはテムジンを呼び寄せ、2人の未亡人と7人の幼い子供を託した。テムジンはボルテのもとを去り、家族のもとに戻らなければならなくなった。

タイチウト族は腹を空かせたテムジン一家を見捨て、家族の家畜を奪い、過酷な大草原の中で死ぬに任せた。ホエルンはただ意志の力だけで家族を支えた。一家は飢えをしのぐために犬やねずみを食べ、その皮を身につけた。

テムジンは、一家で一番年長の男になった異母兄のベグターからいじめられていた。ベグターはテムジンが釣った魚を食べ、未亡人になったテムジンの母のホエルンと関係を持ちたがった。当時はそれが珍しいことではなかった。テムジンは究極の手を打つことにした。弟のカサルと弓を手に取り、ベグターにこれでもかと矢を射ったのだ。子供たちは覚えておくといい。弟をいじめるな。弟が未来のチンギス・ハンになるかもしれないのだから。

ホエルンは激怒した。異母兄を殺したい気持ちを抑えられない人間が、部族の中で仲間をつくり周囲を見返すことができるはずがない。「あなたたちはけだもの同然です」とホエルンは言った。「自分の肉を食いちぎる狂犬と同じです」

タイチウト族は、この殺人に罰を与えるためにテムジンを捕らえ、奴隷として酷使した。だがテムジンはまもなく逃げ出して、貧乏な家族に匿まわれた。追っ手がテムジンを探しにくると、この家族はテムジンを羊の毛の下に匿ってくれた。この赤の他人の親切はテムジンの心に強く響いた。タイチウト族の裕福な親戚の仕打ちとは正反対だったのだ。『チンギス・ハンとモンゴル帝国の歩み』（パンローリング出版）の中で、著者のジャック・ウェザーフォードは、この体験からテムジンは「部族の外にも、家族と同じように心から信頼できる人はいると確信した。のちに彼は、血縁の絆ではなく自分に対する行動をもとに他者を判断するようになる。これは遊牧民の社会では革命的な考え方だった」と書いている。本書でもこれから取り上げるように、現代の企業文化でもまた、行動によって他者を判断することは革命的な考え方だ。

１１７８年、テムジンは16歳になった。父の死後、婚約者のボルテには会っていなかったが、いつかかならず彼女を迎えにいけると思っていた。そして、ボルテが自分を待っていてくれたことを知って喜んだ。花嫁は花婿の両親に贈り物を持っていくのが、この地域の風習だった。ボルテが持ってきたのは、この地で最も貴重な黒貂《クロテン》の毛皮だった。テムジンはその毛皮を、オング・ハンという父親の盟友のひとりに差し出した。いつかは自分にも味方が必要になると計算してのことだった。

テムジンに味方が必要になったのは、それからすぐのことだ。18年間待ち構えていたホエルンの部族、メルキト族が、誘拐された仕返しに、３００人もの軍勢を従えてテムジンの幕営を襲撃した。テムジンと弟は逃げられたが、ボルテは捕まりメルキト族の年長の男の妻にさせられた。

テムジンの兵力は強力なメルキト族の足元にも及ばなかった。普通の男なら、すぐに妻を諦め、誰かをさらってきて新しい妻にしたことだろう。モンゴルの男は口数が少ないが、テムジンは人目をはばからず、メルキトから胸を開かれ心臓を切り刻まれたと嘆いた。メルキトとの戦いを決意したテムジンはオング・ハンに助けを求め、オングはそれに応えた。援軍を得るためにオング・ハンがテムジンを向かわせた先が、ジャラジト族の若きリーダー、ジャムカだった。ジャムカとテムジンはすでに兄弟の契りを結んでいた。2人は幼馴染でよく一緒におはじきで遊んだものだった。そんなわけで、ジャムカも手を貸してくれることになった。こうして強力な仲間を得たテムジンは、戦う準備が整った。

ある夜、テムジンの軍がメルキト族を襲撃し、彼らを打ち負かした。テムジンはテントの中にボルテはいないかと探し回った。しかし、ボルテは荷車に乗せられて、テムジンの手の出せない場所に連れ去られようとしていた。『元朝秘史』によると、戦いの最中にボルテは自分を呼ぶ懐かしい声を聞いた。ボルテは荷車から飛び降りて、暗闇の中を声のするほうに駆け出した。テムジンはあまりに取り乱していて、ボルテがテムジンに駆け寄り、テムジンの馬の手綱を掴むと、テムジンはあやうくボルテに襲い掛かりそうになった。だがそこでテムジンはボルテに気づき、「お互いに覆いかぶさるように」熱く抱擁した。ボルテはメルキト族の男の子を身ごもっていたが、テムジンはその子を実子として迎え入れた。彼は血縁をまったく気にしなかったのだ。

盟友ジャムカの助けでボルテを救い出したテムジンだったが、しだいにジャムカと対立しはじめる。2人が対立を深めたのは、またしても階級制度のせいだった。モンゴルの血族階層社会において、それぞれの血筋は「骨」と呼ばれていた。リーダーの血筋に近いほど地位が高く、この血筋は「白い骨」として知られていた。血筋が離れると「黒い骨」と呼ばれた。ジャムカと同じ集団にいる限り、テムジンは「白い骨」を親族に持つ「黒い骨」の仲間と見られてしまう。テムジンが「白い骨」になるには、彼自身が部族を結成するほかなかった。

実の兄にすら服従できず殺してしまったテムジンが、ジャムカのもとに下ることなどありえなかった。1183年、テムジンとジャムカは完全にたもとを分かつ。ここから、テムジンがとうとうジャムカを配下に収め、ほかの独立部族を征服し、全モンゴルの統治者になるまで、一時的な停戦を挟んで20年にわたる戦いが繰り広げられることになった。

1206年、モンゴルの貴族たちが集まり、テムジンに最高指導者になるよう要請した。テムジンは彼らの頼みを受け入れたが、ひとつだけ条件をつけた。すべてのモンゴル人が彼の命令に問答無用で従い、彼が行けと言ったらどこにでも馳せ参じ、死ねと言ったら死ぬという条件だ。テムジンはついに31の部族とおよそ200万人のモンゴル人を支配する立場に立った。そして、チンギス・ハンを名乗るようになる。それは「どう猛」で「屈強」な統治者という意味だった。

モンゴルには昔からずっと部族内の対立が絶えなかった。部族や派閥や集団が徒党を組んでは共通の敵に戦いを挑んだかと思うと、内部分裂して小競り合いを繰り返していた。この大草原の指導者たちは、卑しい盗賊でさえもみな、チンギスが全部族を支配することを望んでいた。チンギスは、武将たちに共通の目的が必要だと気がついた。その共通の目的は、貴族の優位を守るものではなく、兵士の原始的な欲求を満たすものでなければならない。マクリーンによると、「あふれるほど莫大な戦利品」によって兵士をやる気にさせられるとチンギスは考えた。莫大な戦利品こそ、彼らの唯一の報償になった。

莫大な報償を与えて、兵士に自身の部族や派閥ではなく帝王への忠誠を誓わせることがチンギスの狙いだった。富が流入し続けなければ、大帝国は維持できない。つまり、戦争と征服を繰り返さなければならないということだ。平和があまりに長期間続くと権力者や富裕層は不満を募らせ反乱を起こす危険があった。

すべてのモンゴル部族を支配下に置いたチンギスは、中国北部に攻め込んで征服する。次に西方に遠征し、ホラズム・シャー朝、つまりペルシャ帝国を襲った。そしてロシアまでも支配下に入れたあとの1227年に、チンギスは落馬が原因でとうとう命を落とす。

チンギスの戦い方は情け容赦のないものだった。チンギスの将軍は敵方に降伏すれば命は助けてやると約束しながら、降伏してきた敵方を惨殺するのが常套手段だった。ウルゲンチを征服したチンギスの軍は、女性たちの衣服を剝ぎ取り、女同士を戦わせたあとで全員を虐殺した。多くの都市で、人間ばかりか犬や猫やネズミさえ根絶やしにしていった。ただし、職人だけは殺さず、モンゴルに送り返させた。チンギスに荒らされたアラブ世界で、彼は「呪われた男」として知られるようになった。

だがその一方で、チンギスはまったく逆の、新たな種類の受容と多様性の精神を具現化してもいた。

文化が軍事戦略に与えた影響

チンギス・ハンによる断固とした実力主義によって、彼の軍隊はこれまでとまったく違うものになった。そして、過去のどの軍隊よりも強くなった。

当時、ほとんどの軍隊では、リーダーは馬に乗り、兵士はみなぞろぞろとゆっくり歩いていた。一方、チンギスの軍では全員が平等に馬に乗り、みんなが素早く動いた。ほかの軍には物資供給専門の大部隊がいたが、チンギスの軍では一人ひとりが必要なものを運んでいた。全天候に備えた服、火打ち石、水と牛乳、矢じりを研ぐためのやすり、動物や捕虜を縛る縄、裁縫針と糸、ナイフと斧、それらを入れる革袋といったものだ。それぞれが自分で家畜の乳を絞り、狩猟や採集によって自分の食べ物を賄っていた。

ピラミッド型の階層からなる伝統的な軍隊は、長い列をつくってひとつの方向に行進し、その一番後ろに大人数の物資補給部隊が連なっていた。モンゴルの軍隊は、同心円の形に陣を組んでいた。チンギスはこれまでの階層組織のかわりに、10人単位の隊を千人隊の下に置き、新たな「部族」とした。また、戦時にはこの千人隊が1万人隊の下に置かれた。軍の全盛期には10個もの1万人隊が馬に乗ったチンギス・ハンを取り囲んでいた。

この布陣によって、モンゴル軍は敵の裏をかき、取り囲み、壊滅させることができた。自分たちより5倍も大きな軍隊を打ち負かすことも珍しくなかった。また、これまでの常識を覆し、同時に2つの前線を一度に攻撃し、隣国が助けに駆けつけられないように手を封じ、征服した都市でもう一度戦闘を起こさないようにした。

チンギスの戦術の特徴は素早い侵攻だった。彼の騎兵隊は1日100キロ以上の距離を移動でき、モンゴルのポニーは犬のように敏捷だった。また、チンギスの軍は矢の雨を降らせ、軽装と重装の騎兵隊が交互に攻撃し、撤退するふりをして不意打ちし、白兵戦を徹底的に回避した。チンギスの軍はゲリラ部隊がたまたま軍隊になったようなものだった。チンギス軍の敏捷な戦いぶりにはじめてあっけにとられたのは、中国の金朝の人々だった。その姿は「まるで空が落ちてくるように攻め入って、イナズマのように去っていく」と評された。

進軍を続けるなかで、チンギスは新たに征服した地域の優れた習慣を領土全域に浸透させるよう努力した。そうすることで、帝国全体がひとつになって繁栄できた。ウェザーフォードはこう書いている。

信教の自由であれ、共通文字の考案であれ、中継所の維持管理であれ、ゲーム遊びであれ、暦や紙幣や天文図の印刷であれ、モンゴル帝国の統治者たちは普遍主義を貫いた。自分たち独自のシステムにこだわらなかった彼らは、どこからでも積極的にシステムを取り入れて組み合わせた。この地域に根づいた文化的嗜好はなかったため、モンゴル人は思想信条より実用性を優先させた。一番うまくいくやり方を探し、それが見つかると領土全域に広めたのだった。

チンギス・ハンは、実力主義、忠誠心、多様性という3つの原則を土台にして、他に類を見ない安定した文化を築き上げた。

実力主義

1189年にモンゴルを統一したチンギスは、最初の組織改革を実行した。ほとんどの遊牧民族は、血縁からなる王族によって統治されていた。ウェザーフォードはこう記している。

しかしチンギスは、血縁ではなく個人の能力と忠誠心に応じて、さまざまな部下に重要な責任を与えていた。最も位の高い秘書役につけたのは、2人の腹心の部下、ブールチュとジェルメだった。2人はそれまで10年以上にわたってチンギスに忠実に仕えていた。

モンゴルの女性は、当時としては珍しくいい扱いを受けていた。さらに、チンギスは世襲性の貴族の称号を廃止し、階級制度も廃止し、すべての男性を平等にした。これからは羊飼いやラクダ飼いでも将軍になれるのだ。チンギスは自国民を「フェルトの壁の民」と呼んだ。ゲルまたはユルトと呼ばれるモンゴル遊牧民の住居に使われる素材がフェルトだ。「フェルトの壁の民」とは、全員がひとつの同じ部族であることを表す象徴的な表現だった。

チンギスは新たに導入した実力主義を確固としたものにするため、周囲から選ばれてリーダーの地位につくのでない限り、家族を部族の長や指導者にすることを禁じ、この禁に背いた場合は死罪とした。彼は法律という概念をはじめて取り入れた。権力の乱用を禁じたのだ。支配者は法を超越できると思われていた時代にあって、リーダーであっても最下層の羊飼いと同じく罪に問われることを、チンギス・ハンは求めたのだ。

ただし、例外がひとつだけあった。チンギス・ハンその人だ。

チンギス・ハンは、最悪の場合ほかの暴君と同じように振る舞うこともあった。また、自分の子供たちが平民に追い抜かれたことに文句を言うと、彼らに巨大な領土を分け与え、みずから実力主義を台無しにするような身内びいきを行った。マクリーンはこう書いている。『チンギス・ハン支配下のモンゴルは、ルールに基づく社会だったのか、それとも独裁国家だったのか』と聞かれれば、答えはただひとつ。両方だ」

とはいえ、この時代のリーダーとしては、チンギスは素晴らしく地に足がついていた。彼は言葉どおりに行動した。敬意を求めはしたが、自分を神のように描くことはなかった。たとえば、自分の肖像画を描くことを誰にも許さず、彫像も、硬貨に名前や肖像を彫ることも禁止した。道教の僧侶に宛てた手紙の中で、チンギスは自分もまたひとりの兵士に過ぎないと語り、「私には特別な才能などない」として、「これからも牛飼いや馬飼いと同じ服を着て同じものを食べ続ける。私たちは同じ犠牲を払い、富を分け合う」と書いていた。

チンギス・ハンは、血縁による階級制度を廃止し真の実力主義へと自軍を転換させた。こうして、貴族社会を支配していた無能な人間や凡人を排除し、軍の能力を大幅に引き上げ、野心ある兵士が勇気と知性を証明すればリーダーになれることを示して彼らを鼓舞したのだった。

忠誠心

チンギス・ハンは、同時代の人間とはまったく違う見方で忠誠を捉えていた。将軍は兵士に自分のために命をかけろと求めるものだが、チンギスは忠誠をお互い様だと捉え、自分にも大きな責任があると考えていた。ある時、謀反のたくらみをチンギスに知らせた2人の馬飼いを、大将に引き上げたこともある。また、ある時には宿敵ジャムカの弓兵が遠くからチンギスに矢を放ち、殺しかけたことがある。チンギスの軍に捕まった弓兵は、個人的な恨みはなくリーダーの命令に従ったまでだと言った。その弓兵は死を覚悟したが、チンギスは彼を将校にし、その後に彼は偉大な将軍になった。

チンギスの戦いの目的は、モンゴル人の生活を守ることだった。彼はよく脅しをかけて敵を威圧し、降伏に導く手を使っていた。降伏した都市にはただちに恩赦が与えられたが、抵抗する都市の市民は人間の盾として利用され、軍隊の前を行進させられた（先述したように、チンギスは気分屋で、将軍たちも衝動的だったので、この原則にいつも従っていたわけではない）。兵士のひとりが殺されたとき、戦利品の一部をその兵士の未亡人と子供たちに分け与えるよう、チンギスは命じたこともあった。

征服者にはめずらしく、チンギスは部下の将軍たちを一度も罰したことはなかった。だからこそ、60年にもわたってチンギスを見限ったり裏切ったりした将軍はひとりとしていなかった。のちにシャカ・サンゴールが使ったテクニックと同じで、チンギスもまた内部の人間に接するのと同じ倫理で外部の人間に接することを求めた。主人を決して裏切ってはならないという規範は、世界共通の原則だった。1205年にチンギスはとうとう宿敵ジャムカを倒した。ジャムカを差し出したのは、チンギスに気に入られようとジャムカを裏切った手下たちだった。チンギスは裏切り者に褒美を与えるどころか、処刑した。それはジャムカが手下に警告していた通りだった。そのまま、ジャムカも処刑された。

チンギスは忠誠心を世界共通の原則へと引き上げることで、それまでとは比べものにならないほど優れた軍をつくり上げた。チンギスが自分のために死ぬことを兵士に求めなかったからこそ、兵士はみずから命がけでチンギスに尽くすようになったのだ。チンギスのためならモンゴル人は「たとえ火の中水の中」、命じられればどこにでも行くと言っていた。

多様性

チンギスは戦争のしきたりを劇的に変えた。征服した貴族階級のリーダーたちを厚遇して下っ端の兵士たちを奴隷にするようなことはせず、貴族を処刑して（のちに謀反を起こすことのないよう）、兵士たちを自分の軍に組み入れた。そうすることで、兵卒の数を増やすと同時に、公平なリーダーとしての自身の立場を確立し、この人に付いて行きたいと思わせることができた。

1196年にジュルキン族を倒したチンギスは、母のホエルンにジュルキンの男の子を養子として育てさせた。戦いに破れた部族でも、勝った部族の家族の一員として、将来は一緒に戦闘に参加できることをはっきりと示したのだ。この新たな平等を知らしめるため、チンギスは戦いに破れたモンゴル人とその親戚のために宴を開いた。また、部族の統一を進めるため、異部族間の結婚も推奨していた。

敵兵を自分の軍隊に引き入れるのは、それほど珍しいことではなかった。ローマ帝国の昔から行われていたことだ。だが、チンギスは敵兵をとりわけ厚遇したため、彼らは元のリーダーよりもチンギスにより忠誠心を持つようになった。そこにチンギスの天才ぶりが見える。

このやり方が見事に実を結んだのは、1203年にかつて師と仰いだオング・ハンに襲われたときだった。襲撃を受けたチンギスは中国北部の沼地に避難し、19人の臣下と共にバルジュナ湖の水を啜《すす》り誓いを立てた。チンギスと臣下はお互いに生涯の忠誠を誓い合ったのだった。

ウェザーフォードはこう書いている。

チンギスと行動を共にした19人の臣下は、9つの異なる部族の出身だった。モンゴル族だったのはおそらくチンギスと弟のカサルだけだった。臣下はメルキト、契丹《きったん》、ケレイトといったほかの部族だった。チンギスはシャーマニズムに傾倒し、天界の至上神やブルカン・カルドゥンの山神を崇拝していたが、19人の臣下のうち数人はキリスト教、3人はイスラム教、数人は仏教信者だった。彼らはひとえにチンギスへの献身とお互いへの忠誠によってのみつながっていた。バルジュナ湖の誓いからある種の兄弟愛が生まれ、血縁や人種や宗教を超越した彼らの関係は、個人の選択と責任を基にした近代的な市民権に近いものだった。

1209年に高度な文明を持つウイグル人が戦わずして降伏すると、チンギスはウイグルの高官を、判事や将軍や書記官やスパイや徴税人として重用した。マクリーンはこれを重要な転換点だったと書いている。

ウイグル人の高い技能と才能と文化がモンゴル人のために活用され、彼らの文字が統治者層の公式第一言語として取り入れられたことで、この帝国は政治的にも精神的にも正統性を認められた。テムジンたちを残忍で血に飢えた野蛮人の寄せ集めと呼ぶ人はいなくなった。

領土が拡大するにつれ、チンギスは軍に取り入れる人材をより慎重に選ぶようになり、千人隊に随行する学者や技術者や医師に絞って採用するようになった。中国の学者たちを登用して帝国の運営を大成功させてからは、都市を制圧するたびにその地の学者を尋問した。ただし、尋問とは名ばかりで、実質的には仕事の採用面接のようなものだった。外国の技術者を登用することで、チンギスは必要な知識を手に入れ、かつてないほど技術的に進んだ戦闘力を築いた。こうして、トレビュシェットやカタパルトといった武器も取り入れることができた。

1227年にチンギスが亡くなったあと、帝国を引き継いだモンゴル民族は、多文化社会を継承し、目覚ましい成果をあげた。帝国の技術者は中国（火薬）とイスラム世界（火炎放射器）の要素をヨーロッパのイノベーション（金属鋳造成型）と組み合わせ、これまでにないすごい武器をつくり出した。大砲だ。

チンギスは多様性を促す規範を多く法律に取り入れた。女性を誘拐して結婚相手として売り渡すことを法律で禁じた（ただし、チンギスの兵士は征服した部族の女性を強姦し妾《めかけ》に取っていた）。また、すべての子供を摘出子とし、私生児や庶子への偏見を排除した。そして、おそらく世界ではじめて、完全な宗教の自由を実現した。征服された人々はチンギスへの忠誠を誓いモンゴルの法律に従うことを求められたし、チンギスは自分に逆らう聖職者や宗教指導者を処刑したものの、市民は信じたい宗教を信じみずからのルールに従うことを許されていた。チンギスは特定の信条にこだわらない、実用主義者だった。

しかし、多文化共生につきものの問題もあった。モンゴルの伝統的な馬乳酒より強い酒をはじめて味わった多くのモンゴル人は、チンギスや家族も含めてみな飲んだくれになってしまった。チンギスが権力を分散させ、息子とその子孫に領土を分割しそれぞれをウルス、つまり独立君主国として認めたことが、チンギスの死後に後継者問題へとつながった。マクリーンはこう書いている。

国家運営の観点から見ると、チンギスの判断は正しかった。彼の帝国は広大すぎてひとりの統治者がすべてを掌握し支配することはほぼ不可能だった。しかし、人と政治の観点からは大きな間違いだった。ウルスに分割したことが、その後の帝国の分裂につながったのは間違いない。そして、モンゴルの多文化統合が問題をさらに悪化させていた。

それでも、帝国が続いているあいだは、モンゴルは間違いなくとてつもない国家で、その基盤になっていたのは文化的なイノベーションだった。よそ者として育ったチンギス・ハンは、当時のほかのリーダーや、現代のほとんどのリーダーにも見えていないものが見えていた。ほかのリーダーなら抑え込もうとするような違いや脅威の中に、チンギス・ハンは自分に役立つ才能を見出したのだった。

第7章
現代社会の多様性

俺はこの金のチェーンを外さない
どん底から這い上がって今 頂点にいる

——ドレイク

INCLUSION IN THE MODERN WORLD

I wear every single chain, even when I' m in the house
'Cause we started from the bottom, now we' re here.

——Drake

チンギス・ハンが多様性を会得した時代は、今とは違っていた。多様性は、現代の世界を征服するための文化的なツールになりえるのだろうか？　ここからは、多様性を重んじる文化をつくれば、何ができるようになるか、またそこにどんな落とし穴があるかを探っていこう。

貧困地区からCEOへ

自己啓発の神様として知られるトニー・ロビンズは、人生の質は自分自身に問いかける質問の質に左右されると言う。「なぜ私はこんなに太っているのだろう？」と自問すれば、「それは私が意思の弱いバカな人間だから」と脳が返事をする。ダメな質問にはダメな答えしか出せず、結局ダメな人生を送ってしまうとロビンズは言う。もし「どうすれば、今あるたくさんのリソースを使って、これまでで最高の体型になれるだろう？」と自問すれば、「質が高く健康な食事をし、プロスポーツ選手並みに運動すれば、120歳まで生きられる」と脳が答えてくれるはずだ。

世間ではよく、「フォーチュン500企業にアフリカ系アメリカ人のCEOがなぜこんなに少ないのか？」と問われる。すると、返ってくるのは「人種差別、黒人差別、奴隷制度、構造的不平等」といった答えだ。だがおそらく、こう問うべきだろう。「劣悪なシカゴの低所得者向け団地で育った黒人の子供が、いったいどうやってマクドナルド初のアフリカ系アメリカ人CEOになれたのか？」と。多様性がなぜ欠落しているかを知りたければ、「どうしてアフリカ系アメリカ人のＣＥＯが少ないのか?」と問えばいい。だが、多様性を促すにどうしたらいいかを知りたければ、「なぜ貧困地域で育った黒人が大企業ＣＥＯになれたのか?」と問うべきだろう。

チンギス・ハンは「黒い骨」のよそ者というハンデを乗り越えて世界の大部分を支配し、自分の帝国をより平等な社会へとつくり変えた。その過程で彼は無数の人々を殺し、異母兄ベクターと親友のジャムカまでも手にかけた。現代社会でこの手は通じない。マクドナルドのドン・トンプソンはまったく違うやり方で出世した。彼は上から無理やり多様性を押し付けるのではなく、協力関係を築くことで、人々が自発的に多様性を受け入れるようにしていった。だが、ドン・トンプソンはいったん権力を握ると、チンギス・ハンにかぎりなく近い平等主義の手法を取り入れた。チンギス・ハンもドン・トンプソンも、肩書きや人種で人を見ることをせず、できるかぎり相手の人となりや可能性に目を向けた。トンプソンは身長195センチの大男で、その体格には威圧感がある。だが親しみやすく誠実な人柄で、彼を好きにならない人はいないほどだ。人間と人種に対する彼の哲学が、その暖かい物腰に表れている。彼はこう語ってくれた。

ミーティングの出席者の中で自分だけが黒人だったとき、2通りの向き合い方がある。「みんなが自分を見ている」と感じ、どんどんと悪い方向に考えてしまう人がいる。「自分は嫌われている。黒人は嫌われる……」と思ってしまうのだ。だが、反対の考え方もできる。

「みんなが自分を見ている。ドン・トンプソンがどんな人間か知ったらみんな驚くぞ。こちらから彼らと話をしたら、私のことを知ってもらえるし、彼らのこともわかる。もしかしたら意気投合して、長期的なビジネス関係につながるかもしれない」とね。

残念ながら、多くの人には前者の考え方が刷り込まれてしまっている。ミーティングは駆け引きだ。こちらは相手を知ろうとし、相手はこちらを知ろうとする。パートナーになれる相手か？　お互いが味方になれるか？　それとも敵か？　はなから部屋の中の全員が敵だと思った時点であなたの負けだ。その見方を変えて、彼らの持っていない新しいもの、いいものをあなたが提供できると考えたほうがいい。

トンプソンは祖母のローザに育てられた。世間では「貧困地域」と言われる地元を、彼は愛情を込めて「庭」と呼ぶ。この微妙な言い回しがトンプソンの人生観を表わしている。普通の人ならピンチと感じることを、トンプソンはチャンスと見る。地元のカブリニ・グリーンは、住人のほとんどがアフリカ系アメリカ人だった。白人は警官か消防士か保険の営業マンだけ。保険の営業マンは葬式の費用がぎりぎり賄えるくらいの生命保険を売り歩いていた。

トンプソンが10歳のとき、家族でインディアナポリスに引っ越した。アフリカ系アメリカ人の多い地域だったが、トンプソンの学校は白人がほとんどだった。違う世界をどう渡っていけばいいのかを教えてくれたのは、祖母のローザだった。ローザは、のちにターゲットに買収されたエアウェイという中流層向けスーパーの店長だった。スーパーの従業員のほとんどは白人だったが、ローザは全員を同じように扱い、みんなが自宅にやってくるほど信頼されていた。人間というものは善くも悪くもなれるし、一人ひとりを見なければそれはわからないということを、トンプソンはローザから学んだ。

1979年、トンプソンはパデュー大学に入学したが、ここでショックな出来事があった。トンプソンはこう語っている。

キャンパスの寮に入ったその晩、私が大学での日々にワクワクしていると、オープンカーがそばに近寄ってきて、中に乗っていた白人3人組が私に「ニガー!」と叫んだ。

あ然としたが、むしろ負けん気に火がついた。私の目的を誰にも邪魔させるもんかと思った。あいつらのような人間はこれまでも見てきた。あの男たちに会っていたわけじゃないが、似たような連中には何度も会った。だが、黒人にも首を締められて殺されそうになったことがある。このくらい、どうってことはない。車を止めたきゃ止めて、3人でかかってこい。受けて立つ。それとも、言いたいことをわめきながら、走り去ってもいい。別に何も変わらないからな。

それでも、トンプソンはパデュー大学での経験に感謝し、今は理事会の役員を務めている。

どんな生い立ちだって、この大学でエンジニアリングの学位を取ったってことは、努力して手に入れたということだ。だから、人種や貧富は関係ないと思えた。

1984年に大学を卒業したトンプソンは、ノースロップ社の防衛システム事業部にエンジニアとして入社した。そこでも、初日からいやな思いをした。

やった、机がもらえた。自分の机だ。ウキウキして出社すると、机の真ん中に何が貼り付けられていたと思う？　白い十字だ。それを机から剝がして丸めてゴミ箱に捨てた。それから私物を机の中にしまった。祖母の言葉を思い出してこの一件は無視し、それから素晴らしい人間関係を築くことに力を注いだんだ。

トンプソンは6年間ノースロップに勤めて、管理職に昇った。1980年代の終わりに防衛産業が不振になると、マクドナルドで働く気はないかとヘッドハンターから誘いを受けた。トンプソンは軍事機器大手のマクドネル・ダグラスからの誘いだと勘違いしていた。

ハンバーガーのマクドナルドだと知って、「結構です」と答えた。電気工学の技術者になるためにこれまで必死に勉強してきたし、祖母も私に多くを投資してきたんだ。安月給でハンバーガーをひっくり返すために努力したんじゃない。すると、マクドナルドの社員で、以前にベル研究所にいたエンジニアが私に連絡してきた。「話を聞きにくるだけなら、損はしない」と言う。これは私の教訓になった。今では「来た話は断るな」が私のモットーだ。

トンプソンはマクドナルドのエンジニアリング部門で仕事をはじめた。世界一おいしいフライドポテトをつくるため、「ポテト曲線」というプロセスを最適化するのが仕事だ。フライドポテトを揚げている間のポテトの温度の推移を「ポテト曲線」と言う。これを最適化するのは厄介な仕事だった。というのも、熱い油の中に入れるポテトの温度がバラバラだからだ。ポテトが生ぬるくなっていることもあれば、冷凍庫から出したばかりのポテトをそのまま油に放り込むこともある。トンプソンとチームは、フライヤーにコンピュータチップを入れ、ポテトの温度が毎回最適な曲線をたどるようにプログラミングした。この仕事やほかの多くの課題でも優れた成果をあげたことで、トンプソンはこの部門でトップのエンジニアとなった。だが、あやうく会社を辞めそうになったのも、そのせいだった。

マクドナルドは毎年上位1パーセントの優秀な社員に社長賞を与えていた。私は最高の1年を過ごし、同僚のみんなから「エンジニアリング部門の社長賞間違いなし」と言われていた。授賞式当日、私はタキシードを着て、これ以上ないほどパリッとめかしこんで参加した。受賞が待ちきれなかった。だがふたを開けてみると、エンジニアリング部門の受賞者はなし。前年は2人も受賞していたのに。

そこで私は残念会に参加した。「黒人に勝たせたくないんだな。私を認めたくないわけだ。

なら、辞めてやる」。その会でエンジニアリング部門のトップが近づいてきて、「どうして受賞できなかったのか不思議に思ってるだろうね」と言う。私は「正直、思ってます」と答えた。すると彼はこう言った。「君の名前をリストに入れなかったからだ。昨年、うちの部から2人受賞したからね」それを聞いて残念会に参加するどころか、私が残念会を開きたい気分になった。

私は社内の知り合いに連絡して、辞めようと思うと伝えた。するとその中のひとりが「決める前にレーモンド・マインズと話してみてほしい。だまされたと思って一度会ってくれないか?」と言う。

レーモンド・マインズは、ワシントン州からミシガン州までの8州を管理する地域担当重役で、社内では2人しかいないアフリカ系アメリカ人幹部のひとりだった。マインズはオハイオの貧困地区出身の荒っぽい男だった。初対面でこう切り出された。「どうして辞めるんだ?」私は、「マクドナルドには私の価値がわからないんですよ。ここじゃ力を発揮できません」と答えた。すると、「要するに、賞をもらえなかったから辞めるってことだな」と本音を突かれた。それから、こう続けた。「品質管理グループが君を欲しがってるぞ。君を昇進させるつもりらしい。品質管理に行ってみたらいい」さらにこう付け加えた。「いつか私の下で働いてもいいかもしれん」

その言葉を聞いて、なんてごう慢な奴だと思った。それでも、マインズの言葉はずっと頭から離れなかった。同情を期待していたのに、むしろ彼の言葉に勇気づけられたのだ。そこでハッと目が覚めて、品質管理の仕事を受けることにした。

トンプソンはマクドナルドで4人しかいない品質管理担当幹部のひとりになった。ほかの3人は経営陣のスピーチの執筆という割合楽な仕事をしていたが、トンプソンは貧乏くじを引かされてフリップチャートを抱えて世界中のミーティングを飛び回ることになった。だがこの仕事のおかげで、トンプソンは世界最大の外食企業の複雑なオペレーションを学び、身につけることができた。社内の重要部署の社員ほぼすべてに会い、作業フローを把握し、さまざまな事業部門の独自文化とお互いの関係性を理解し、ビジネスモデルの詳細を学んだ。つまり、このハンバーガー帝国の成功の秘訣を学ぶことになったのだ。

末端で働く人たちが何を考えているかがわかった。人々を笑顔にするとか、店員がもっとやる気になるとか、企業としてはそういう目標を掲げていても、実際の店舗にいる人たちの中には、マクドナルドで8時間働いたあとにまた別の仕事を8時間もしている人もいた。そんな人たちにいい仕事をしてもらうには、彼らの現実をきちんと理解しなければならなかった。

1年後、トンプソンは廊下でレーモンド・マインズとすれ違った。するとマインズが「そろそろご褒美をあげないとな！」とうれしそうに声をかけてきた。マインズは自分の担当地域の中でトンプソンのために新しい肩書きを用意していた。それが、戦略企画部長のポジションだった。トンプソンはマインズの右腕としていつも側について地域を視察し、現場の課題を解決し、各四半期と年度の計画を立てた。マインズの経営スタイルは独特だった。

木曜日にマインズから電話がかかってきて、「月曜日に空港で会おう」と言うんだ。「どこに行くんですか？　どのくらいで帰ってこられます？」と聞くと、「どこでもいいじゃないか。3日分準備しとけ」と言う。

空港で待ち合わせて、店舗でいざこざの起きている地域に飛ぶと、「お前が問題を解決しろ」とマインズが言う。この地域の店長はみんな白人で、最初は「とっとと出て行け」ってな態度でつっかかってくる。それでもなんとか問題を解決しているうちに、これまでの仕事では学べなかったことを全部学べたんだ。この仕事を通して、上からの視点を持つことができた。

私は、エリアマネジャーを助けて店舗運営を改善する仕事を任された。だが、「店舗運営を改善しにきた」と切り出せば、その場で敵と見なされてしまう。私はマインズを見習って、もっと効果のある態度で接するようにした。こんなやり方だ。「私に手伝えることがあれば、何でもやるつもりだ。命令しに来たわけじゃない。ほかの地域と比べてこの地域の業績がどうなのかを理解してもらう手伝いはできるし、計画達成に手を貸すこともできる」こう切り出すと、力関係ががらりと変わる。こちらがひとりの人間として手を貸したいと言えば、エリアマネジャーは受け入れてくれる。エリアマネジャーにとって大切な細かいことをすべて教えてくれたのは、白人店長たちだった。ここで学んだことが直接、CEOへの階段につながった。

辞めると決めたあとに引き受けた仕事のおかげで、CEOとしての道が開かれたということに気づいたトンプソンは、この経験からマイノリティとして成功するための教訓を2つ示してくれた。

その1　残念会に行くな。絶対に残念会の主催者になるな。

その2　来た話は断るな。どこにチャンスが転がっているかわからない。電気工学技師の私がフライドポテト用の温度管理システムをつくれと言われた。それからフリップチャートを持ち歩いて戦略計画を推し進めろと言われた。断る理由はいくらでもあったが、このチャンスがCEOへの道につながった。

トンプソンのCEOまでの道のりは山あり谷ありだった。自分の力で切り開いたこともあれば、運命を左右する場面で助けの手を掴んだ時もある。この体験が、マクドナルドCEOとしての彼の哲学と、多様性への取り組みに反映されている。

マクドナルドには女性のネットワーク、アフリカ系アメリカ人のネットワーク、ラテン系のネットワーク、そしてLGBTのネットワークがあった。ある日、たくさんの白人男性が集まっているのを見かけた。彼らはこう切り出した。「ドン、聞きたいことがある。俺たちのことは誰が気にかけてくれるんだ?」私は聞き返した。「どういう意味だ?」すると、「黒人やラテン系や同性愛者のネットワークはあるのに、俺たちのことを誰も考えてくれないじゃないか。俺たちは誰に頼ったらいいんだ?」

普通なら、「何を寝ぼけたこと言ってるんだ」と返すところだが、トンプソンには、そうした一見わがままに見える言葉の裏に隠れた不安を嗅ぎとる稀有な才能があった。普通の人には聞き取れない文脈と意図を、言葉の中に聞き取ることができるのだ。

そこでこう言ったんだ。「そうだな。じゃあ白人男性ネットワークをつくろう」すると彼らは「冗談だろ」と言う。私は返した。「本気だ。真の多様性を目指すのか、それとも黒人とラテン系の権利が守られればいいのか?」大切なのは、全員が個人として尊重され一番いい面を発揮できることだろう? 特定のグループを引き立てることじゃない。そこではじめて、白人男性ネットワークができた。当然、彼らはそう呼ばれたくなかったので、このグループは多様性ネットワークと呼ぶことになった。

この珍しい取り組みについて、トンプソンにさらに詳しく話してもらうことにした。

ほかのネットワークは、私がおかしくなったと思ったようだ。「彼らにはネットワークは要らないだろ。多数派なんだから」と言う。私はこう返した。「確かに、今の今は彼らが多数派だ。君たちの言いたいことはわかる。だが、本当の目的は何かを考えてほしい。多様性を実現したいと君たちは主張している。ここにいるすべての人の考えが多様性に貢献するはずだ。だとすれば、白人男性もその中に入れるべきだろう。誰でも受け入れるのが、本当の多様性じゃないか？」

白人男性による多様性ネットワークができたあと、トンプソンはネットワークのリーダー全員を社員旅行に連れ出した。この社員旅行で、トンプソンはチンギス・ハンがおよそ1000年前に身につけ、利用した教訓をリーダーたちに伝えようとした。それは「私を野蛮人やよそ者と見るな。ひとりの人間として私を見よ。ならば、共に世界を征服できるだろう」という教訓だった。

この社員旅行ではまず、それぞれのグループがほかのすべてのグループへの不満を話すことからはじめた。何時間かけても出てくる不満はどのグループもまったく同じだった。そこでみんなが、自分の懸念には根拠がないことに気づいた。みんな求めているものは同じだったのだ。誰もが自分を見てほしい、意見を聞いてほしい、対話に含めてほしいと思っていた。なにより、全員が価値を認められたいと望んでいた。それこそが、真の多様性だ。黒人男性としてではなく、ドン・トンプソンとして見てほしいということだ。

ありのままの個人を見ることが真の多様性へのカギだとすると、どうしたら一人ひとりを個人として見ることができるのだろう？

今どきの忠誠心と実力主義

現代の多くの企業には、目に見えない階級制度がある。チンギス・ハンの時代とは違って、社会階層を決めるのは「白い骨」か「黒い骨」かではなく、ブルーカラーかホワイトカラーか、スタンフォード大学出身かミシガン州立大学出身かといったことだ。シリコンバレーではコードを書けるかどうかで階層が分かれる。

マイクロソフトでグローバル戦略を率いたマギー・ウィルデロッターが、現代の企業社会で最も硬直した階級制度に向き合うことになったのは、２００４年にフロンティア・コミュニケーションズのＣＥＯになったときだった。

ＡＴ＆Ｔの分割で生まれた、いわゆるベル系地域電話会社のひとつであるフロンティアは、ほとんどの収益を域内電話と長距離電話サービスに頼っていた。社内は2つの階層に分かれていた。ホワイトカラーとブルーカラーだ。ホワイトカラーの社員の大部分はコネチカット州ノーフォークの本社にいた。ブルーカラーの社員は田舎や郊外にある1万5000の営業地域に散らばっていた。顧客に対応するのはブルーカラーの社員で、彼らこそフロンティアの顔だった。それなのに、経営幹部は現場の社員を下僕扱いし、現場に出向きもせず、日々彼らがどんな仕事をしているのかを理解しようともしなかった。一方で、重役には会社お抱えの医師やシェフが付き、コーポレートジェットと6人の専属のパイロットや専用の格納庫もあった。何年も赤字続きだったのに、こうした慣行を続けていたのだ。システムは破綻していた。

幸い、マギー・ウィルデロッターは強く賢く思いやりにあふれた、生まれつきのリーダーだった。私はオクタやリフトの取締役会で彼女と同席するが、オクタやリフトのCEOは、誰に命令されなくてもウィルデロッターの一言ひとことに耳を傾ける。当然のことだ。

ウィルデロッターはフロンティアのCEOになったとき、こんな話をしてくれた。「みんなが私に組織図を見せたがるの。序列を理解しろってことなのね。でも、組織図なんか見なかった。仕事をしてくれるのは現場の人たちだから。地位や肩書きがなくても、仕事をやり遂げるのは彼らなのよ」

ウィルデロッターは社員の声を拾うためあちこちに出かけていった。本社から遠く離れた市場で、現場にどのような人たちがいて、どんなふうに働いているかを学ぼうとしたのだ。彼女が戦略を組み立てるにあたって頼りにしたのは、本社の重役ではなく、こうした現場の人たちだった。社員に、この会社のどこが好きで、どこが嫌いかを聞いて回った。そして仕上げに、どうしたら序列を壊してホワイトカラーとブルーカラーのあいだの対話の溝を埋めることができるかを、時間をかけて考えた。

まずやったのは、どう見ても必要のない高給取りを切ることだった。医師もシェフも6人のパイロットもクビにした。格納庫と専用ジェット機も売却した。当時、フォーチュン500社のCEOで民間機を使っていたのはウィルデロッターだけだった。そして、5年ぶりに全社員への昇給を実現したのだった。

彼女が伝えたかったのは、「全員が運命共同体」ということだが、行動の裏づけがなければこの考え方が根づかないことはわかっていた。そこで序列を壊すために、彼女は現場と経営陣が対立するとかならず、どんな時でも現場に味方した。対立の中身はどうでもよく、現場の社員に声を与えることが大切だった。現場の社員の意見を軽んじる管理職は、まもなく居場所がなくなった。現場の社員は顧客の代表で、顧客の意見は絶対だからだ。

とはいえ、ウィルデロッターが力関係を変えるために現場に味方したといっても、いつも現場が正しいとは限らなかった。

現場の人たちが、「顧客を満足させるようなサービスができない」と言ってきたことがあったの。だから「何が必要?」と聞いてみた。すると、「仕事道具がない」と言うわけ。たとえじゃなくて金づちやネジ回しがないってこと。そこで、金物屋で必要な道具を買ってきて、上司に請求しなさいって伝えたわ。現場の人たちにも、愚痴をやめて自分から行動してもらうことが狙いだった。

取っかかりはよかったが、本当に会社を変えるには、労働組合との契約に手をつける必要があった。

労働契約の多くはそうだが、組合との契約にも経営陣は交渉に入らず、会社側の弁護士と組合長が交渉していた。ウィルデロッターは組合のある会社で働いたことがなかったので、どうして経営陣が交渉に入らないのかを不思議に思った。

組合とは非常に険悪な関係になっていた。会社側の弁護士が国中を飛び回り、彼らが悪者になって取ったり取られたりの駆け引きをしていた。コネチカットでは組合員が経営管理職の部下として働いていたので、その管理職の人たちに部下と直接交渉するように指示したの。そしたら、組合員、つまり電話を取り付けたり修理している人たちにも、そのほかの社員と同じ待遇と報酬が与えられることになった。組合員も利益分配と株式オプションがもらえることになったの。そのかわり、たとえば医療保険の自己負担なんかでは、組合員も、折れてくれた。共通の目標のおかげで社員がひとつになり、信頼の輪が築かれたの。組合員も、「やればできる！　この仕事もこの会社も自分たちがもっとよくしていける！　みんなで勝てるぞ！」って言いはじめた。

「全員が運命共同体」ということは、お互いが持ちつ持たれつの関係でなければならないということだ。フロンティアはケーブルテレビに対抗するため、プレミアムテレビとペイパービューのサービスを提供しはじめた。しかし、ベライゾンの資産の一部を買収したあとで、ベライゾンから来た社員の46パーセントはフロンティアでなくケーブルテレビのサービスに加入していることがわかった。

元ベライゾン社員にこう言ったの。「みんなでこの市場を勝ちとる必要があるわ。ベライゾンを買収したのは、素晴らしい資産があったからだし、中でも最高の資産はこの部屋にいるみなさんよ。でもここで、敵は誰かをはっきりさせておきましょう。みなさんの敵は私たちじゃなくて、ケーブルテレビですよ。みなさんの46パーセントが毎月ケーブルテレビ会社に支払いをしていることはわかってます。私はそんな人たちに給料を払うつもりはないわ。30日以内にケーブルを解約して私たちのサービスに加入しなければ、クビよ」

ざわざわと文句が聞こえたので、私は言った。「私たちは運命共同体だから、ここであなたが誰に忠誠を誓うか決めてほしい。私とここに働くすべての人たちに忠誠を誓うなら、ここで仕事を続けられるし給料も支払われる。そうでないなら、出ていけばいい。どちらかに決めてほしい。30日過ぎてもまだケーブルに加入していたら、ここでの仕事はないと思って」

ほとんどすべての社員が、フロンティアに切り替えた。切り替えなかった社員は本当にクビになった。切り替えた社員はウィルデロッターの新しい実力主義の一員になったのだ。

企業文化の改革には何年もかかったが、それが並外れた結果をもたらした。ウィルデロッターがフロンティアを経営した11年のあいだ、組合は一度もストライキを起こさなかった。その上、古臭く活気のなかった年商30億ドルの地域通信会社は、全米29州に事業を拡大し、年商100億ドルを超える全国規模のブロードバンドプロバイダーになった。

階級制度を壊すことで、ウィルデロッターはフロンティアの社員に強烈な忠誠心を植えつけ、自由を与えて最高の仕事ができるようにした。この取り組みによって、彼女は「人々のためのCEO」とまで呼ばれるようになった。

多様性の達人になる

多様性は広範かつ複雑な課題で、これに関連するすべての社会問題に言及するような資格は私にはない。だからここではチンギス・ハンとドン・トンプソンとマギー・ウィルデロッターの原則を使って、あなたの会社が優位に立つにはどうしたらいいか、つまり、優れた人材を獲得するにはどうしたらいいかだけに注目しよう。この3人はいずれも、国籍や人種や性別を超えた多様性を理解していた。また同時に、認知や文化の多様性も理解していた。どのように情報を処理し、考え、他人と接するかは人それぞれだ。人間をありのままに見ることで、その人が本当に何を提供できるかがわかるようになる。

チンギス・ハンの多様性への取り組みには3つのカギがあった。

1 戦略と実行に深く関わり、征服した部族の子供を母親に養子に取らせ、それを部族統合の象徴にした。

2 求める仕事の中身を書き出すことからはじめた。騎兵であれ、医師、学者、技術者であれ、何がその仕事に必要かを書き出して、ふさわしい人材を探した。特定の経歴を持っていれば、同じような経歴の人と同等の仕事ができるとは考えていなかった。中国の官吏がみな、優秀な役人になるとは思わなかった。

3 征服された人々が平等に扱われるようにしただけでなく、養子縁組みや異部族婚を通して親族に引き入れた。よそ者として扱う制度をつくらなかった。だから、彼らも本当に平等に扱われていると感じ、自分の出身部族よりチンギスとモンゴル人により大きな忠誠心を持つようになった。

これを、今どきの企業と比べてみるといい。たとえば、

1 CEOが「ダイバーシティ担当者」に多様性の推進を丸投げする。

2　ダイバーシティ担当者の仕事は、会社全体の成功ではなく、マイノリティの構成比を上げることだ。そのため、多様な人材のプールから優秀な人を探すのではなく、特定の人種や性別の採用目標を掲げて実現しようとする。

3　企業は、自分たちの事業をまったく知らない外部の多様性コンサルタントに、採用後の統合研修を丸投げすることが多い。こうした企業は、新たに入ってきた人が働きやすい職場をつくる努力を放棄しているようなものだ。すると、採用数は順調に伸びるが、社員満足度や離職率に内実が表れる。社員満足度は低下し、離職率は高くなる。

人種や性別にかかわらず、ありのままの姿を見ることが多様性の要だとしたら、人種や性別をもとに採用することは、実は多様性の障害になるはずだ。なぜなら、その人の内側を見ずに、外側だけを見てしまうからだ。

当たり前のことに思えるが、これが意外に複雑で難しい。自分と同じ人種や性別の人を採用する場合は、相手を色眼鏡なく見ることができる。女性が女性を雇えば、あとで問題になることはあまりないだろう。男性が女性を雇うと、その人がどんな人かよりも、女性だということが先にくるようになる。多様性のアドバイザーはマイノリティ出身が多いため、この点を見逃しがちになる。だからこそ、女性やマイノリティを上層部に引き入れることが、多様性の推進につながるのだ。

細かい事前準備と事後のサポートがなければ、どれほど志が高くてもとんでもない失敗に終わる。数年前、私は友人のスティーブ・スタウトと音楽業界でのキャリアについて話していた。音楽業界はどちらかと言えば人種統合の進んだ業界だ。スタウトはソニー・アーバン・ミュージックの社長時代を思い出しながら、アーバン・ミュージック社長という肩書きがいかにバカバカしいかを愚痴った。「ブラック・ミュージック社長とは呼べなかったんだ。差別的だからって理由でね。だからアーバン・ミュージックになった。でも本当の問題はそこじゃない。社名にアーバン（都市の）が付いていたから、都市部でしか宣伝させてもらえなかった。まるで田舎には黒人が住んでないみたいにね」それに、「ブラック・ミュージック」と呼んだとしても、意味はなかったと彼は続けた。「うちにはマイケル・ジャクソンが所属してたんだよ。マイケル・ジャクソンが嫌いな白人なんているか？　彼の歌はブラック・ミュージックじゃない。ミュージックだろ」

今どきの多くの企業がチンギス・ハンのような高度な多様性を実現できないのは、この例に出てきた「アーバン人事」みたいなことをやっているからだろう。ダイバーシティ部門を立ち上げて、女性、アフリカ系アメリカ人、ヒスパニックの人材が白人や男性やアジア系の人材と根本的に違うかのように取り扱っている。ひとつの人種の音楽しか聞かないとしたら、それは音楽をわかっていないということだ。それと同じで、ひとつの人種や性別からしか人材を採用しないとしたら、人材がわかっていないということだ。私がそう断言するのは、私自身も人材というものをつい最近までわかっていなかったからだ。

アンドリーセン・ホロウィッツを立ち上げてから数年後、テクノロジー業界のトップ企業と自社の人材構成を見てみた。そこには明らかなパターンがあった。どんな組織もトップの人に似てくるのだ。経営者が女性だと、女性比率が高くなる。開発部門のトップが中国系アメリカ人だと、中国系アメリカ人のエンジニアが多くなる。マーケティングのトップがインド系アメリカ人だとインド系アメリカ人だらけになる。なぜだろう？　採用基準がその理由だ。人は自分の強みはよくわかっているし、そこに重きを置き、面接でその点をどう見極めたらいいかも知っているからだ。

アンドリーセン・ホロウィッツもまた、すべての部門にこの傾向があった。マーケティングのトップは女性で、ここには女性が多かった。マーケティング部門で男性がなかなか採用されないのは、どの基準に満たないからかを聞いてみた。答えは「親切心」。私は尻もちをつきそうになった。なるほど当然だ。私たちはサービス企業なのだから、どの部門の採用基準にも「親切心」を入れて当たり前だったのに、創業者の私はまったく考えもしなかった。この会社に必要な人物像が、私にははっきりと見えていなかったので、人材を逃していた。

経歴や文化の違う人は、異なるスキルや、異なるコミュニケーションのスタイルや、異なる慣習を組織にもたらしてくれる。「親切心」を測ってみると、女性のほうがスコアが高かった（もちろん、とても親切な男性もいる）。「親切心」を測ったことが、候補者の評価方法をもう一度考え直すきっかけになった。ひとつにはボランティアの経験があるかどうかを見ることだ。「親切心」が強い人は、当然ボランティアの経験があるだろう。そういった人は、自分のことよりも面接官のことを知りたがる。相手を知ることで、その人の求めているものを推し量り、

「親切に」相手の助けになろうとするからだ。

また、人間関係を築く能力を測ってみると、アフリカ系アメリカ人のほうが総じて点数が高かった。面接のあいだに候補者が面接官とどう関係をつくったかで、この能力を測ってみた。面接のあとに、その候補者ともっと話したかったかを聞いたのだ。ある若いアフリカ系アメリカ人の男性で、このテストで高得点をあげた候補者は、大手レストランチェーンのチーズケーキファクトリー全店舗の中で最もチップを稼いだウェイターだった。彼はあっという間に人間関係を築く達人だったのだ。特定の集団の中になかなかいい人材がいないと思っている場合、その人種なり性別の人を無理に採用しても、結果は同じだろう。求める能力を明確にした採用基準をつくり、自分たちに見えていないものを見るべきなのだ。

私たちが世界最高の水準で競おうと思ったら、採用の仕組みを変えなければならないことはわかっていた。多くの企業と同じように、私たちの採用人脈もまた、社員の紹介がほとんどだった。そこで、人脈を広げる必要があった。たとえばアフリカ系アメリカ人の人脈をつくるため、バーナード・タイソン（カイザー・パーマネンテCEO）、ジュディ・スミス（危機管理のプロで、テレビドラマ『スキャンダル』のモデルになった女性）、そしてケン・コールマン（シリコンバレーの有名エグゼクティブ）などとイベントを開き、デブ・カラー、ニューミー、ファットスタートアップといったアフリカ系アメリカ人の技術者の組織にも呼びかけた。

次にやったのが採用プロセスの変更だ。管理職が誰かを新たに採用するときには、自分とは違う集団の人（軍隊経験者、アフリカ系アメリカ人など）に評価基準を見直してもらい、必要な資質とその資質の見分け方をアドバイスしてもらうことを義務づけた。管理職を雇うときに、女性ならほとんど見過ごさないが男性がよく見過ごしてしまう基準の例が、フィードバックを与える能力だ。女性のほうが男性よりも勇気を持って同僚に直言し、話しづらいことも切り出せる。男性はどうしようもなくなるまで、なるべく問題を避けようとする。また、面接官もさまざまな経歴の人を揃えるようにした。そうすることで、候補者をさまざまな角度から見ることができる。

この新しいプロセスは完璧ではないが、以前よりは明らかに良くなった。今では172人の社員のうち半分は女性、27パーセントはアジア系、18・4パーセントはアフリカ系アメリカ人とヒスパニックだ。古いやり方にとらわれていたら、多くの才能を見逃していただろう。

しかも、良くなったのは構成比だけではない。文化的なまとまりも強まった。「親切心」を測ることにしたおかげで、この基準を大事にするようになり、この資質を持つ人材を高く評価するようになった。属性ではなく、どんな人物かが見えるようになったのだ。

面接でテストする資質には自然と価値を置くようになるが、テストしない資質に価値を見出すことはほぼ不可能だ。

アフリカ系アメリカ人だという理由でアフリカ系アメリカ人を採用すれば、人種が判断の基準になり、その企業文化は差別的なものになってしまう。「どんな人間か」を見るには「何をしてきたか」を評価すべきだろう。いわゆる「アーバン人事」で採用されれば、みんながそのことをいつまでも覚えているし、採用された人も能力以外の理由で採用されたと疑われないように、何度も何度も実力を証明しなければならなくなる。

だが、すべての人が同じ基準で採用されれば、その人が何者で何を提供できるかを大事にする企業文化になる。

第 8 章

自分らしい文化をデザインする

俺のようになりたいと思わなくていい、君は君らしくいればいい

——チャンス・ザ・ラッパー

BE YOURSELF, DESIGN YOUR CULTURE

I don't want you to be me, you should just be you.

——Chance the Rapper

理想の文化を築くための第一歩は、自分が何がほしいかを知ることだ。何を当たり前のことをと思われるかもしれないし、実際当たり前のことだ。だが、簡単に思えるこのことが、実は難しい。無限の選択肢があるように思える中で、どのように文化をデザインすれば必要な競争力を手に入れ、誇りを持てる職場環境をつくり出せるだろう？　なにより、行動に移せる文化をデザインするにはどうしたらいいのだろう？

ここでいくつか心に留めておいてほしいことがある。

■スタートアップでも老舗企業でも、文化をデザインすることは大切だ。文化もまた、文化をつくり出す組織と同じように、新たな挑戦に向けて進化しなければならない。

■文化とは理想を追いかけることだ。これまで何千という企業と仕事をしてきたが、文化が完璧に浸透している企業はなかった。ある程度の大きさの企業ではかならず、逸脱する人がいる。大切なのは、完璧にすることではなく昨日より良くすることだ。

■他社の文化から気づきを得るのはいいが、他社のやり方をそのままそっくりまねようとしないほうがいい。あなたの血と汗と魂から生まれた文化でなければ、文化に命が宿り、生き続けることはない。

自分らしく

優れた文化をデザインするためにまず気をつけるべきことは、リーダーがありのままでいることだ。これが意外と難しい。

バスケットボール選手のチャールズ・バークレーが1993年にこう言ったのはよく知られている。「俺は手本になるような人間じゃない。ダンクシュートを決められるからって、子供が俺を見習っちゃ困る」

気の利いた言い回しだと思った人は多かったと見えて、ナイキの広告でもこのセリフが使われた。この広告がものすごく評判になったあと、ある記者がバークレーのチームメート、アキーム・オラジュワンにこう聞いた。「あなたも見習っちゃいけませんか？」オラジュワンはこう答えた。「見習ってくれ」

チャールズ・バークレーはコートの中と外では別人なんだとオラジュワンは語っていた。表と裏の顔を使い分けるのはすごくストレスがたまることだとオラジュワンは言う。バークレーはいつもそこから抜け出したいと思っていたのだ、と。自分はNBAが求めているような人間じゃないと感じていたから、パーティに出かけるととんでもなくハメを外していた。オラジュワンは自分は正反対だと言っていた。外の顔も中の顔もまったく同じ。だから、本当に手本になれたのだ。

この話に、リーダーシップのカギがある。いつもありのままでいなければならないということだ。あなたがどうあるべきかについて、他人にはさまざまな理想がある。そうした他人が描くあなたの理想像を、あなた自身の信念や個性に合わない形で取り入れようとすれば、あなたにしかない魅力がなくなってしまう。別人のふりをすれば、人を導けなくなるばかりか、自分をまねる人を見て恥ずかしくなるだろう。チャールズ・バークレーの本音はこうだったろう。「俺みたいになるな。俺だって自分が嫌いなんだから」

上司になると、部下から見られることを意識してなかなかありのままの自分でいられない。たとえば、とても優秀な同僚のスタンがはじめて管理職に昇進したとしよう。同僚はみんな大喜びする。だが、スタンは「上司スタン」に変身し、まるで人が変わったようにいやな奴になってしまう。上司としての立場をはっきりさせなければならないと思ったスタンは、部下を人間らしく扱わず、力で押さえつけるようになる。「上司スタン」は誰にも好かれず尊敬されない。

CEOになると、これが見えない形で進む。成功したリーダーをまねるCEOは多い。だがその手法をきちんと自分のものにしていなかったり、それが会社に合わないことも少なくない。たとえば、あるCEOが、ジャック・ウェルチの「ランク・アンド・ヤンク」という手法について読んだとしよう。ゼネラル・エレクトリックでは全社員がランクづけされて下位の社員はクビを切られるという。それを読んだCEOは同じことをしようと決める。ウェルチはあんなにうまくやってるんだから！　管理職にこのアイデアを伝えると、ひとりはこう言う。「ですが、うちは採用がものすごく厳しくて、業界でもトップの人しか入れませんよ。うちの下位10パーセントはめちゃくちゃ優秀ですよ」確かにそうだった、とCEOは思い当たる。だって、自分がこの採用プロセスをつくったんだから。

ここでCEOは板挟みになる。自分でもそれほど信じていないアイデアを押し通すか？ それとも、すぐに前言を翻して優柔不断な人間だと思われるか？ どっちにしてもいいことはない。ジャック・ウェルチみたいになりたいと思ったのがそもそもいけなかったのだ。あなたらしくいなければ、あなたでさえあなたに付いて行こうと思えなくなる。

CEOは、取締役からこんなふうに言われることもある。「私が取締役に入っているほかの会社と比べて、おたくのCFO（最高財務責任者）はあまりよくないね」

こんな発言にはよくよく気をつけたほうがいい。当のCEOはほかの会社のCFOを知らないし、その人たちに会って比べることもできない。では、どう応えたらいいだろう？ CEOがやりがちな最悪の反応は、取締役会の前でCFOにもっとしっかり仕事をしろと言ってしまうことだ。そう言ってもあの取締役の望み通りになるわけではない。なぜならCEO自身が考えて行動しているのではないからだ。CFOも自分のどこが悪いのかわからず、戸惑ってしまう。すると、CFOもまた自分でない何者かになろうとして、リーダーとしての魅力を失ってしまう。

CEOはその取締役にこう言うべきだった。「ご指摘ありがとうございます。では、他社のCFOがうちのCFOよりもどこが優れているのかを教えてください。それからその方たちをご紹介いただけると幸いです」

CEO本人が他社のCFOに会い、本当に自社のCFOに足りないスキルがあるのかを自分で確かめ、次が一番肝になるが、そのスキルが自社にどのくらい大切かを見極めるべきだろう。そのスキルが決定的に重要で、自社のCFOと他社のCFOに本当に大きなスキルの差があるのなら、CFOのところに戻って評価を伝え、クビにすればいい。そうすれば、CEOは自分でいられる。もしその取締役に反対しても、自分らしくいられる。裏づけを取った上で、自分で判断できる。

リーダーシップの大原則は、すべての人には好かれないということだ。みんなに好かれようとしても、いいことはない。私がそう言うのは、みんながみんな私を好きじゃないことがわかっているからだ。もちろん、この本を読みながら、「いい年こいた白人がなんでチャンス・ザ・ラッパー引用してんだ」と思っている人もいるだろう。それでも構わない。格好つけたいわけじゃない。ただ、自分らしくいたいだけだ。

とはいえ、どこを直したらいいかを知ろう

CEOが、自分の性格の中で自社に取り入れたくない部分もかならずある。自分の欠点をじっくりと考えてみよう。自分の欠点を企業文化に刷り込みたくはないはずだ。欠点をまねされたら困ったことになる。

ソフトウェア企業では邪魔になってしまう私のくせのひとつが、とめどなくだらだらとオチ

のない話を続けてしまうことだ（このくせはベンチャーキャピタルでは役に立っている）。未来の友人にアドバイスしておこう。そちらが電話を切ってくれなければ、話が永遠に続いてしまう。

大きな組織でみんなが協力して膨大な仕事を正確にこなすことを求められる場合には、すべての会話のすべての課題を重箱の隅をつつくように議論している暇はない。私のとりとめのなさは、旺盛な好奇心ゆえではあるけれど、ひどい欠点にもなりえる。そこで、自分の悪いくせを封じるような対抗策を3つ、企業文化に組み入れることにした。

1 自分と反対の性格の人を周りに置いた。彼らは速攻で話を切り上げて、次の仕事に取り掛かりたがった。

2 自分を管理するためのルールをつくった。会議の議題と求める成果が書面にきちんとまとめられていなければ、会議をキャンセルした。

3 会議を効率よく行うよう全社に宣言した。自分の苦手なことを宣言して、実行せざるをえないように自分を追い込んだ。

それでもなお、私の悪いくせが出て迷惑をかけることはあったが、たいていは失敗を避けて通れるようになった。

自分らしさを文化に組み入れる

自分らしさに自信を持てるようになったら、理想の企業文化にその性格をどう投影したらいいかを考えよう。ディック・コストロがツイッターのCEOになったとき、アドバイザーのビル・キャンベルは、夕方の5時にツイッターで爆弾が爆発しても、死ぬのは清掃員だけだなと冗談を言っていた。コストロは勤勉さを重んじる企業文化を築きたかった。コストロ自身も身を粉にして働くタイプだ。コストロは、毎晩家族と一緒に夕食を食べてから会社に戻り、助けが必要な人にいつでも手を貸せるようにしていた。まもなくたくさんの社員が会社に居残りはじめ、仕事もずいぶん捗るようになった。コストロが長時間集中して仕事をやり遂げるタイプでなかったら、勤勉さを企業文化に組み入れることはできなかっただろう。

本音を口に出していれば、行いも一致しやすい。私が若い管理職だった頃、書面のフィードバックのほうが口で言われるよりも重みを感じた（しゃべり好きの私でさえ、書かれたもののほうを重く受け止めていた）。また私自身、評価を書くのも好きだった。だから、オプスウェアのCEOとして、書面での人事評価のフィードバックを企業文化の核にしたのは当然だった。私が書くのが嫌いだったら、この文化は決して根づかなかったはずだ。

企業文化は、リーダーの感性を反映させたものでなければならない。学習できる環境や、質素倹約を旨とする企業や、誰もが遅くまで働く職場をどれほど望んでも、リーダーにその習慣がなければ、そんな職場にはならない。外向きの「企業文化」とリーダーの行動が違っていれば、社員はリーダーのまねをする。名ばかりの企業文化には誰も従わない。

文化と戦略、どちらが強い？

経営の神様と呼ばれるピーター・ドラッカーがこう言ったのは有名だ。「文化は戦略をペロリとたいらげる」私も大好きな名言だが、違うと思う。大好きだと言ったのは、これが見事なエリート批判だからだ。「お偉いさんの言うことは無視しろ。現場の人たちの行動が大切だ」それは正しい。また、ドラッカーが文化を優先事項として掲げている点も気に入っている。だが、現実には文化と戦略は競い合うものではない。一方が他方をたいらげることもない。2つが共存していなければ、どちらもうまくいかない。

すべての兵士に同じ役割を与えるのが、チンギス・ハンの軍事戦略だった。チンギスの軍では全員が自立した騎兵だった。彼の平等主義の文化は、その戦略にぴったりと合っていた。シャカ・サンゴールは、少数のエリート団員を集める戦略を取った。そして、大規模なギャング団にはない強い仲間意識をもとに文化をつくり上げた。

ジェフ・ベゾスがアマゾンの長期戦略を立てたときに柱にしたのは、低コスト構造だった。だから、文化の中心に倹約を置いたのは極めて当然だった。

アップルのように、世界一美しく完璧にデザインされた製品が戦略の柱になる会社では、倹約はむしろあだになる。実際、ジョン・スカリーは、コスト意識の乏しいスティーブ・ジョブズをクビにして、アップルを破壊しかけた。戦略に合わない文化もあるということだ。

世界一速いイノベーションでライバルに勝とうとするなら、フェイスブックが最初に掲げた「素早く動いて、破壊しろ」というモットーは戦略と完璧に一致している。だが、航空機メーカーのエアバスなら、やめたほうがいい。

あなたの企業戦略の実現に役立つ文化を選んでほしい。

サブカルチャー

どんな企業でもひとつにまとまった矛盾のない文化をつくることができると言い切れれば、この本もはるかにすっきりとしたはずだ。だが残念ながら、ある程度の規模の企業にはかならず、主流の企業文化のほかに、サブカルチャーができる。

サブカルチャーが生まれる原因は、社内の部門にそれぞれ際立った違いがあるからだ。求められるスキルも違うし、営業担当、マーケティング担当、人事担当、エンジニアはそれぞれに学校も専攻も違い、性格も違う。これが文化の違いにつながる。

テクノロジー業界で、最も溝が深いのは営業とエンジニアだ。エンジニアは物事の仕組みと実態を知りたがる。既存製品向けの新機能を開発してくれと言われたら、その製品の仕組みを隅々まで知ってからでないと、仕事に取りかかれない。コードの書き手は、設計の経緯やすべての要素がどう関わり合うかを正確に説明できなくてはならない。話がぼんやりしていてあちこちに飛んだり正確でなかったりする人はエンジニアリング部門に向かない。そういう人はあちこちにバグを残してしまうからだ。

営業担当者は本音を知りたがる。この顧客には、ちゃんと予算があるのか？　ライバルより有利なのか、不利なのか？　取引先の中で味方は誰か、敵は誰か？　経験豊富な営業担当者はよく、「お客さまはウソつきだ」と言う。さまざまな理由から、顧客は本当のことを自分からは教えてはくれないからだ。接待してほしいだけの客もいる。こちらを当て馬にしてライバル会社から安い値段を引き出そうとする客もいる。ただ断れないだけの客もいる。営業担当者は、テロリストを尋問する『24』のジャック・バウワーよろしく、本音を引き出さなければならない。客の言葉を真に受けていたら、営業はできない。

エンジニアに質問をすると、とにかく正確に答えようとする。営業担当者に質問すると、質問の背後にある意図を探ろうとする。顧客から「この機能はありますか？」と聞かれたら、できるエンジニアは「あります」か「ありません」と答える。できる営業担当者はただ「ある」か「ない」かでは答えない。できる営業担当者はこう自問する。「なぜその機能について問い合わせてきたんだろう？　この機能があるのはどのライバル会社だろう？　そうか、彼らが契約を横取りしようとしてるんだな。もっと情報を集めよう」そこで、営業担当者はこんなふうに答えるだろう。「どうしてその機能が大切だと思われたんですか？」

質問に質問で返されると、エンジニアは気が狂いそうになる。彼らはその場で答えをもらって、すぐに仕事に戻りたいのだ。だが、エンジニアが自分のつくったプロダクトを成功させたいなら、つまり優秀な営業に売ってもらって、会社を潰さずに働き続けたいなら、この文化の違いを受け入れなければならない。

経営が上手くいっている組織では、エンジニアの報酬は、その人のプロダクトがどれだけ収益をもたらしたかではなく、そのプロダクトがどれだけ優れているかによって決まる。というのも、市場のリスクはエンジニアにはどうにもならないからだ。優秀なエンジニアはものづくりが好きで、趣味でコードを書くことも多い。だから、いつでもプログラミングに勤しめるような居心地のいい環境をつくることは欠かせない。エンジニア文化の特徴は、自由な服装、遅い出勤時間、そして深夜や翌朝の退社時間だ。

優秀な営業担当者は、プロボクサーに近い。仕事を楽しんではいても、週末に趣味でソフトウェアを売り歩こうという人はいない。賞金がかかった試合と同じで、報酬と競争心が営業のモチベーションだ。賞金がなければ戦わない。だから営業部門は、成果報酬、営業コンテスト、社長賞、その他の賞金に近い報酬を与えられるのだ。営業担当者は会社の顔なので、服装を整え、顧客に合わせて朝早く出勤する。負けず嫌いで攻撃的で結果に応じて高い報酬を受け取れることが、いい営業文化だ。

どんな会社にも、核になる共通の文化要素は必要だが、どの部門でもまったく同じ文化を求めると、文化に合う部門と合わない部門が出てきてしまう。たとえば、「顧客にこだわる」「肩書きに関係なく最高のアイデアが勝つ」「ライバルより努力する」といった企業理念は、どの部門でも役に立つ。一方で、「カジュアルな服装をする」「結果だけを気にかける」といった規範は、どちらかというとサブカルチャーにふさわしい。

社員の条件

文化をデザインするにあたって、これを誰を雇いたいかを決めるためのプロセスだと考えることもできる。あなたの会社では社員のどの性質が一番大切だろう？　社員に求める性質と企業理念をぴったり一致させることで、「徳とは信条ではなく行動に基づくべきだ」という武士道が唱えた文化の原則が強化される。採用面接でウソをつくのは簡単だ。だが、「言ったこと」ではなく「できること」を基準に採用すると決めれば、過去の実績を照会して確かめ、面接で実際に試してみることもできる。

企業文化を形づくる大きな要素として採用基準を決めることは、極めて理にかなっている。誰を雇うかは、ほかのなによりも企業文化を左右するからだ。ストライプの共同創業者でありCEOのパトリック・コリソンは、こう教えてくれた。

「実際、最初の20人の人選で、この会社のその先の姿がほぼ決まったと言っていい。どんな文化にしたいかと、誰を雇いたいかは、ある意味で同じ質問なんだ。

スラックの共同創業者でCEOのスチュワート・バターフィールドは、求める社員像を企業文化に合わせたところ、社内の状況が劇的に改善しはじめたと語っていた。

僕たちの企業理念はすごく独特で、たとえば遊び心とか団結心といったことも入っていたが、行動を促すものではなかった。そこで、社員の意思決定を助けるような何かを入れたいと思っていた。

その時、アドロールのセールス部門のトップだったスレッシュ・カーナとの会話を思い出したんだ。彼の言ったあることが、ずっと頭に引っかかってた。採用では、賢くて謙虚で勤勉で協力的な人を探すと言っていた。

僕たちに必要なのも、そんな人たちだ。この4つの要素の組み合わせが特に大切なんだ。2つだけだと悲惨なことになりかねない。賢くて勤勉でも、傲慢で人と協力できなければ、ただのいやな奴でしかないし、採用したくない。謙虚で協力的でも、賢くもなく勤勉でもなければ、やはりダメだろう。そういうタイプはよくいるが、やはり採用したくない。

彼の教えてくれた理想の社員像または候補者像の基準は、僕たちがつくった基準よりはるかに測りやすかった。遊び心や団結心は面接では測れない。僕はこの4つの要素を求めることにした。

1　賢さ　これは知能が高いということではなく（もちろん、それに越したことはないが）、学ぶ姿勢があるということだ。どこかに優れた手法があれば、それをすぐに取り入れてほしい。ルーチン化できるものはなるべくそうして、知性と創造性を必要とする課題に集中してほしい。賢さを測るには、こんな質問をしてみるといい。「このところ、どのようなパフォーマンスの改善方法を学びましたか?」または、こう聞いてみてもいい。「これまでにあなたが自動化したものは何ですか? 社内であなたが廃止したプロセスは何ですか?」

2 謙虚さ これはおとなしいとか無欲という意味ではなく、バスケットボール選手のステフィン・カリーのように謙虚という意味だ。謙虚な人は周りから成功してほしいと思われる。傲慢な人は失敗すればいいと思われる。謙虚な人は自分がよくわかっているので、学んでさらに賢くなれる。謙虚さから学ぶ姿勢が生まれる。スラックで共同作業をするときも、謙虚さは欠かせない。

3 勤勉さ これは長時間働くことではない。家に帰って家族と過ごすのも大切だが、会社にいるあいだは効率よくプロらしく集中して働くということだ。また、負けず嫌いで諦めず創意工夫に富み、粘り強くやり抜く力を持っていなければならない。この会社を、人生で最高の仕事をするチャンスにしてほしい。

4 協力的 これは従順という意味でも丁重という意味でもない。むしろ、正反対だ。スラックで協力的といえば、どこの誰でもリーダーシップを取れるということだ。たとえば、この会議が効率よく運ぶように私も協力します、ということだ。信頼がない状況に気づいたら、臆せず指摘します。目標があいまいなら、明確にする手助けをします。みんなが向上を望み、全員がその責任を持たなければならない。すべての社員がそんなふうに「協力」すれば、チームの成果に対する責任も共有される。協力的な人は、ダメな社員が全体の足を引っ張ることを知っている。だから、ダメな社員を引き上げるか、出て行ってもらうかのどちらかになる。協力的かどうかは照会でも判断できるし、面接でこう聞いてもいい。「前の会社であまりうまくいってない状況を立て直すのに、どう貢献したかを教えてください」

この4つの長所がある人が、スラックの理想の社員だ。

社員に求める特徴をはっきりと打ち出したら、これをどう使ったらいいだろう？　アマゾンには、「バーレイザー」と呼ばれる人たちがいる。バーレイザーの役割は、候補者がアマゾンの経営哲学を理解しているか、またその人が企業文化に合う人材かを面接で確かめることだ。カギになるのは、バーレイザーになる人は採用チームの一員ではなく、特定の候補者へのこだわりがないという点だ。バーレイザーの役割は純粋に文化的なものだ。バーレイザーは2つの面で役に立つ。ひとつは、企業文化に合う人を選別すること。もうひとつの、さらに大切なことは、候補者全員にアマゾンで企業文化がいかに重要かを知らしめることだ。

文化を試す面接は、しっかりと設計されていれば、あまり時間はかからない。

コンピュータ支援設計ソフトウェア企業のパラメトリック・テクノロジー・コーポレーション（PTC）は伝説的な営業文化で知られている。オプスウェアで営業部長として社の文化を変えたマーク・クラニーもPTCの出身で、彼らの営業がどれほどすごいかをいつも自慢していた。私はムカついて、どこがそんなにすごいのかと聞いてみた。クラニーが話しはじめた。「まず面接から違うんだ。俺を面接したのは、営業部門のシニアバイスプレジデントを務めるジョン・マクマホンだった。最初の5分ほどは黙ったままで、突然こう聞いてきた。『今ここでお前の顔に一発食らわしたらどうする?』って」

この時点で、私は声をあげた。「ええ!? 顔に一発食らわしたらどうするって聞いてきたのか? ありえない。なんて言い返したんだ?」

マークはこう答えた。「俺は逆に聞き返した。『俺の知性を試してるのか、勇気を試してるのか?』ってね。そしたらマクマホンは『両方だ』って言うんだ。だからこう言い返してやった。『だったら俺を一発で気絶させないとえらいことになるぞ』そしたら、『採用だ』って言われたんだ。その場でここが自分の居場所だってわかったよ」

マクマホンはなぜ、採用を即決できたのだろう? この短いやり取りを通して、クラニーが彼の文化のカギになる要素に合うことを見抜いたからだ。その要素とは、挑発に動じない平静さ、注意深く聞く力、質問の意味を問う勇気、そしてなによりも競争心だ。

強い文化の共通要素

文化のデザインは組織のニーズに合ったものでなければならないが、どの企業にも必要な要素がひとつある。これはめったに企業理念に含まれていないが、この要素なしに競争力のある会社をつくることはできない。

どんな職場でも社員はつねにこう自問している。「自分のやっていることは、役に立っているんだろうか？　意味があるのか？　自分の仕事は会社を前進させているか？　誰かが自分の仕事を気にかけているだろうか？」経営者の一番大切な仕事は、こうした疑問に大声で「イエス！」と答えることだ。

どの企業文化でも最も重要な要素は、社員が会社を気にかけているかどうかだ。彼らは自分の仕事の質を気にかけ、会社のミッションを気にかけ、良き市民であることを気にかけ、会社が勝つことを気にかけている。ということは、企業文化が成功するかどうかは、その会社でどんな行動が報われるかに大きく左右される。仕事について気にかけると報われるのか？　それとも、これっぽっちも気にかけないほうが得をするのか？　社員が努力して何かを変えようとしたり、新しいアイデアを提案するたびに、官僚体質や優柔不断さや無関心に阻まれていれば、文化は傷つく。会社を前進させた社員が認められ報われるたびに、文化は強くなる。

ヒューレット・パッカード（ＨＰ）が２００７年にオプスウェアを買収して、私はＨＰソフトウェアの事業部長になった。よそ者として入ってきた私は、できるだけ多くの社員と個別に面談した。するとすぐにあるパターンが見えてきた。誰も自分のしていることを気にかけていないのだ。たとえば「この人を雇っていいか？」「このソフトウェア開発に必要なツールを買っていいか？」「まぶしすぎる蛍光灯のカバーを新調していいか？」といった簡単な質問にさえ答えてもらえなくても、かまわなくなっていた。

ＨＰでは、気にかけないことが当たり前になっていた。一連の過酷なコスト削減によって短期利益は見事に上がったが、文化は死んでしまった。「在宅勤務」社員の多くはまったく働いていなかった。2010年に経営陣が変わったとき、社員の頭数より社内の椅子の数が1万5000も少なかったことがわかって新しいＣＥＯは驚いた。1万5000人もの幽霊社員に誰も気づいていなかったのだ。一方、仕事に出てきて必死に働いている社員は、経営陣の優柔不断さと更なるコスト削減に苦しんでいた。

私は、「こんな簡単な質問にも答えてもらえないなら、誰も仕事に出てこなくなっても当たり前だ」と思った。そこで、自分の部門の数千人の社員全員に、こう約束した。「なにか決めなくちゃいけない問題があって、上司が決めてくれないなら、私に送ってくれ。かならず1週間以内に返事を返す」ちょっと助け船を出しただけだったが、優秀な社員たちの態度がすぐに変わった。数週間で「どうせできない」文化から、「きっとできる」文化に変わったのだ。

これがＨＰの再生につながったと言いたいところだが、そうはならなかった。その前にＣＥＯを何年も経験していた私は、誰かの下で働くことができなくなっていた。1年もしないうちに私はＨＰを辞め、ＨＰは今のような形になった。その強みを取り戻すため、バラバラに分割されたのだった。

あなたの組織が優柔不断で、提案を素早く承認できなかったり、あるべきリーダーシップがなかったりする場合、どんなに優秀な人を雇っても、どんなに文化に時間をかけても意味がない。無関心が報われる組織になり、それが文化の決め手になっているからだ。もし私が必死に働いて、隣の人は何もやらなくても、会社への貢献が同じと見なされれば、隣の人を見習ったほうがいいのは明らかだ。

文化の特性を生かす

文化の構成要素は抽象的すぎて役に立たないものが多い。「誠実さ」を行動規範として掲げても、どう振る舞ったらいいかが社員にはっきりとわかるだろうか？　誠実さとは、製品を予定通り出荷することだろうか、それとも顧客の期待に応える品質を担保することだろうか？

行動規範が有効かどうかを考える切り口はいくつかある。

■**その行動規範は実行できるか？**　武士道によると、文化とは信条ではなく行動の積み重ねだとされている。あなたの会社の文化的な規範はどのような行動として表せるだろう？　たとえば、共感は行動として表すことができるか？　もしできるとしたら、行動規範として有効だ。もしできない場合は、違う行動規範を掲げたほうがいい。

■**その行動規範は自社の文化に独特なものか？**　すべての行動規範があなたの会社独自のものでなくてもいいが、同じ業界の他社がみんな同じことをしていれば、その要素を強調する必要はないだろう。シリコンバレーの企業なら、カジュアルな服装を規範にする必要はない。それが当たり前だからだ。だが、テクノロジー企業で全社員にスーツとネクタイを着用させるなら、それが企業文化の際立った特徴になる。

■その行動規範にあなたは合格できるか？

オクタのCEO、トッド・マッキノンは、経営者になってまもなく自社の文化で最も大切な行動規範について試されることになった。

2009年にオクタを共同創業する前まで、マッキノンはセールスフォース・ドットコムのエンジニアリング部門でバイスプレジデントを務めていた。オクタはアプリケーションをクラウドに移行した企業向けに、安全な本人確認認証システムを提供していた。当時、クラウド上でアプリケーションを管理運用することは新しいアイデアだったが、セールスフォースの爆発的な成長を見て、今後はこうしたアプリケーションが数多く登場するに違いないとマッキノンは考えた。マーケティングの自動化、法務系アプリ、カスタマーサポートなど、可能性は大きかった。するとクラウド型の企業は、自社所有ではない数百というシステムにまたがる社員の活動を管理しなければならなくなる。社員を解雇したとき、どうやったらすべてのシステムからその社員のアクセス権を確実に削除できるのだろう？　オクタがまず解決しようとしたのは、この問題だった。

オクタを信頼できなければ、数百または数千というシステムにまたがるすべての社員のアクセス権の管理を任せることはできない。たとえメンテナンスのためでも、オクタのサービスがダウンしたら、顧客の社員は重要データにアクセスできなくなってしまう。最悪の場合、もしオクタがハッキングされたら、顧客全員がハッキングされてしまう。オクタが成功するには顧客から完全に信頼されることが必要だったので、マッキノンは「誠実さ」を文化の核に置くことにした。

とはいえ、オクタはスタートアップだ。スタートアップの鉄則は「何としても生き延びること」。起業から3年経ち、オクタは苦境に立たされていた。7期連続で業績は未達に終わり、資金調達が必要になっていた。ソニーとの大型契約が成立しなければ、また業績は未達に終わってしまう。幸い予定通りに契約は獲得できそうだった。ただし、懸念がひとつあった。オクタの営業担当者が「オンプレミス・ユーザープロビジョニング」という機能をソニーに約束してしまったのだ。この機能があれば、ソニーは自社の建物内からシステム上にユーザーを追加できるようになる。それを数カ月で提供できると営業担当者は約束していた。実のところ、オクタではこの機能の開発は数年先の予定だった。この機能をまもなく提供できることを契約上で保証しろとは要求されなかったものの、ソニーはマッキノンの言質を取りたがっていた。ソニーに本当のことを言うべきか？　それともオクタを救うためにごまかすべきか？　この機能はソニーにとってそこまで大切なのか？　少し開発が遅れたら困るほどに？　オクタの企業文化をリスクにさらしても？　あるいはもっと悪いことになっても？

「真実を少し曲げていれば、この契約は取れていたはずだ」とマッキノンは言う。

「だが、そうすれば営業担当者からエンジニアまで全社員に、私が真実を曲げたことが知られてしまう。すると、この会社では小さなウソをついても構わないとみんなが思い込む。簡単な判断だったと言いたいところだが、難しい決断だった。結局私はこの契約を諦めた。長い目で見て致命傷になると思ったからだ。それになにより、ウソをつきたくなかった」

彼は文化をリスクにさらすより、会社をリスクにさらすことを選んだ。この時はなんとか乗り切ることができた。業績未達が続いていたオクタに、コスラ・ベンチャーズが思い切って投資してくれたのだ。本書執筆中の現在、オクタの時価総額は約150億ドルで、世界で最も重要なクラウドアイデンティティ企業になっている。オクタはこれまで一度もハッキングされたことはなく、その連続稼働時間は伝説になった。オクタのシステムは4年間ダウンタイムなしで稼働し続けている。

とはいえ、マッキノンの判断で会社が潰れていてもおかしくなかった。もし潰れていたら、オクタのことも、マッキノンの勇気もみんな忘れ去られていただろう。

リーダーは社員から、企業文化の行動規範を試される時がかならずくる。それは偶然かもしれないし、意図的かもしれない。だから規範を掲げる前に、こう自問してほしい。「私はこの試験に合格できるだろうか?」と。

第9章
境界事例と見せしめ

敵意むき出しだな　当たり前だ　敵意を持って何が悪い
俺らの仲間が受けてる扱いわかってんのか

——パブリック・エネミー

EDGE CASES AND OBJECT LESSONS

You' re quite hostile, I' ve got a right to be hostile, my people been persecuted.

——Public Enemy

文化がどう機能するかを本当に理解するには、文化が機能していない残念な状況を詳しく調べてみる必要がある。どちらに転ぶかわからないぎりぎりのところで、文化が壊れてしまったり、文化がむしろ仕事の邪魔になってしまったりするような境界線上の事例を見ていこう。いいことのやりすぎが悪いことにつながってしまうのは、どういう場合か？　ある文化的規範に従うことでほかの文化的規範に背いてしまうのは、どういう時か？　生き残るために文化的規範に背いても許されるのか？　文化の原則が自然に消滅する場合や、それを取り除いたほうがいい場合があるのだろうか？

顧客第一主義が業績不振につながるとき

多くの企業が実現に努力する文化規範が、「顧客第一主義」だ。企業は顧客のニーズや欲求や嗜好をことごとく知りたがり、それらすべてを満たすためにひたすら努力する。顧客にひたすら尽くすことで評判を得たのがノードストロームとリッツカールトンだ。顧客第一主義は素晴らしい企業理念だ。ただし、やりすぎるとあだになる。ユーザーは既存プロダクトにはあれこれと注文をつけたがるが、まだ存在しないプロダクトについてはあいまいだったりなんの意見もなかったりする。

1999年にブラックベリーを開発し、プロダクト中心の特異な文化をつくり上げたのが、リサーチ・イン・モーション（RIM）だ。本社はシリコンバレーから遠く離れたカナダのウォータールーにある。RIMは誰よりもユーザーに詳しく、モバイルユーザーがほかのどの機能よりバッテリーの持続時間と入力速度を重視していることを知っていた。また同時に、企業のIT部門がセキュリティと既存システムの統合に重きをおいて購買を決定することもわかっていた。そこで、RIMはこれらの機能を最大限に強化することにすべての力を注ぎ、一時期は市場を独占したほどだった。

しかし、彼らはユーザーにとことん目を向けすぎるあまり、アップルのiPhoneを無視してしまった。なぜだろう？　それは、彼らが自社の盤石な地位に絶対の自信を持っていたからだ。iPhoneがはじめてお目見えしたとき、バッテリーの持ちは悪く、キーボードは使いにくく、ITシステムとは統合できず、セキュリティ設定のための煩雑さはお笑いぐさだった。誰がそんなものを欲しがるだろう？　その油断と創造性の乏しさ、そして硬直した文化のせいで、RIMの時価総額は830億ドルから現在の50億ドルまで下落した。

自分自身のルールを壊す

文化規範は神のお告げのように奉《たてまつ》られることも多い。誰もがその神託の周りにひざまずき、文化を崇め奉ろうとする。すると、その神託に押しつぶされてしまう。戦略は進化し、状況は変わり、人は新しいことを学ぶ。そうなったとき、文化を変えなければ、文化の下敷きになってしまう。

私たちはアンドリーセン・ホロウィッツを立ち上げたとき、対外的な約束をひとつ定め、この約束が企業文化の基礎になった。それは、投資先の企業に取締役として入るわが社のゼネラル・パートナーはみな、著名なテクノロジー企業の創業者か元経営者でなければならないという約束だ。わが社のゼネラル・パートナーにその条件をつけたのは、技術系の創業者にとって最高の投資家になりたいと思ったからだ。つまり、新しいプロダクトは発明できても、経営経験のない技術系の創業者に、CEOへと成長する手助けをしたいと考えたからだった。

この約束を守るため、私たちは創業者に大物CEOの人脈を提供し、彼らを資本市場とつなげ、人材や大企業ユーザーやメディアを紹介し、創業者のための強力なプラットフォームを築いていった。そして、わが社の全員が起業の苦しみを深く理解するように努めた。

私たちは起業家の扱いに厳しいルールを定めて実行した。たとえば、起業家とのミーティングに遅れないこと、投資を見送るときにはかならず理由を説明すること、たとえ耳の痛いことでも正直に懸念を指摘するといったことだ。この方針に沿って、マーク・アンドリーセンと私は社内の人間をゼネラル・パートナーに昇進させないというルールを決めた。当時はそれが完全に理にかなっていた。大物創業者CEOはゼネラル・パートナー以外の仕事に興味はないし、内部昇進者は当たり前だが大物経営者ではありえないので、投資先への約束が果たせないからだ。

だが、アンドリーセン・ホロウィッツが成功しはじめると、我々の見方も変わってきた。投資先の起業家は、私たちの会社としての能力に価値を見出していることがわかってきた。私たちのアドバイスよりも、大企業や資本市場やマスコミと起業家をつなぐ能力や、エグゼクティブやエンジニアの採用を助ける能力を重く見ていた。しかも、ゼネラル・パートナーとして雇った元CEOたちの中には、私たちが築いた文化と相容れない物の見方をする人もいた。彼らは自分を中心に会社が回ることに慣れていたが、私たちは起業家を中心に回る会社をつくる必要があった。

一方で、社内の若手はこの企業文化を吸収し自分のものにして、最高の伝道師になってくれていた。だが、辞めていく人たちも出はじめた。ゼネラル・パートナーに昇る道を与えなかったために、私たちは最も優秀な若手を失ったばかりか、最高の文化の伝道師を失っていた。企業文化を強化するために決め、秘伝のレシピとして売り込んでいたルール――『HARD《ハード》 THINGS《シングス》』（日経BP）でもこのことを取り上げたほどだ――が、逆に文化を破壊しはじめていた。

このルールが文化を壊していることに気づいていた人は社内に多くいたが、誰も私には教えてくれなかった。なぜなら、私があちこちでこのルールを自慢げに持ち上げていたからだ。私がこの問題に気づきはじめたのは、2011年にコニー・チャンという若いアナリストを雇ったときだった。チャンの面接の直後に、アシスタントのミネルバに採用担当者のフランク・チェンを今すぐ連れてきてくれと頼んだ。

フランク：どうだった？

ベン：ものすごく優秀なのは間違いないな。問題は彼女がここで働き続けたいかだ。
フランク：どういうことだ？　ここに面接に来たんだぞ？
ベン：野心があるってことだ。
フランク：どういう意味だ？

私はフランクに顔を近づけてこう言った。「とにかく、いつも皿いっぱいに餌を入れておいてくれ。大きな犬はすぐ腹が減るからな」

まるで私の気がふれたかとでも言うように、フランクは私を見た。だが、それからはチャンに難しい仕事をこれでもかと与え続けた。フランクがすごいのは、そんなとんでもない指示を受け止めて、やり遂げてくれるところだ。

ではなぜそんな、わけのわからないことを私は言ったのか？　それは、コニー・チャンの中に稀有な何かを見たからだ。彼女はどんな質問にもあらゆる角度から答え、わが社を細かく適切に分析し、終始落ち着いていた。やることなすことすべてで一番になろうとしているのは明らかだった。すべてに卓越した成果をあげる人間だとわかった。だが、私はそのことを口に出せなかった。

なぜ口に出せなかったかと言うと、彼女の野心と内部昇進を禁止するわが社のルールががっつりぶつかると思ったからだ。チャンをゼネラル・パートナーに昇進させられなければ、そのうち辞めるのは間違いない。入社した彼女はその後、ピンタレストやライムバイク（現ライム）といった華々しい案件を成功させていったが、私はいつ彼女がここを出ていくかばかりを心配するようになっていた。それなのに、例のルールを変えようとは思いもしなかった。なんというか、ルールはルールだからだ。

ある日、経営陣でゼネラル・パートナーの候補を評価していると、ゼネラル・パートナーのジェフ・ジョーダンがこう言った。「私だったらこの中の誰よりコニー・チャンを採る」そこで私はこう答えた。「でも彼女はゼネラル・パートナーの条件を満たしてない」みんな押し黙ったが、その沈黙がすべてを物語っていた。文化は行動だ。行動が間違っていたら、ルールを変えるべきだろう。2018年、チャンはゼネラル・パートナーになり、大活躍を続けている。

企業文化のルールがいつもはっきりしているとは限らない。数年前、投資先の企業に、自社の企業文化を心から信じている若いCEOがいた。企業文化を重んじるあまり、人事評価でも、仕事の成果よりも企業文化への熱意を重視していたほどだった。そのCEOがある日私に、人事の入れ替えを考えていると相談してきた。「最高マーケティング責任者（CMO）のシェイラは、人柄が素晴らしくて企業文化の旗振り役なんです。でも、もとは違う業界で働いていて、僕たちの市場について熟知できてないんですよ。でも彼女が悪いんじゃありません。僕たちも当初は今と違う事業を計画してたから。だから、この業界に詳しい別のCMOを雇って、シェイラにはその人の下についてもらおうと思ってるんです」と言う。

私はこう返した。「シェイラの株式の持分はどのくらいだ？　1パーセント？　1・5パーセント？」

「1・5パーセントです」

「もし君が優秀なエンジニアで、株式の持分が0・2パーセントだとしよう。で、マーケティング責任者の下につく人間が1・5パーセントも株を持っていると知ったらどう思う？　君たちの企業文化にどう影響するだろう？」

若いCEOは困ったという顔でこう聞いてきた。「僕がシェイラの持分を一部買い戻したらどうでしょう？」

「もともとの株の割り当てが正しかったとすれば、彼女はどう思うかな？　それでも企業文化の旗振り役としてここで働き続けてくれると思うか？」

そこで彼は、企業文化を守ろうとむきになるあまり、逆に文化を壊していたことに気がついた。そして、シェイラをクビにするという難しいが必要な決断を下し、彼女を褒め称える推薦状を次の就職先のために書いた。

企業文化が取締役会と衝突するとき

知り合いの起業家は、取締役会と企業文化の衝突に悩んでいた。この起業家をフレッドと呼ぶことにする。フレッドは、CEOなら当たり前だが、企業文化の中に信頼を根づかせようと努力していた。信頼がなければ、社員は仕事ができない。それなのに、フレッド自身がその掟《おきて》を破って、取締役会の承認を取らずにひとりの幹部にある約束をしてしまったのだ。

フレッドは私にこう書き送ってきた。

ベン

助けてほしい問題があるんだ。ある幹部に次の資金調達のあとで株式を与える約束をしたんだが、新しい投資家がそれに反対してる。新しい取締役の言うことはもっともなんだ。その幹部はもう十分に報酬をもらっているし、希薄化分を埋めるだけのためにこれ以上株式を与えるのはおかしいってことだった。確かに僕もそう思うし、それが正しいとはわかっているが、口約束を反故にするのはすごく心苦しい。これに懲りて、もう口約束はしないけれど、今のこの状況をどう解決したらいいかアドバイスしてくれないかな？

フレッドより

これは本当に悩ましい。ほかの株主すべてを希薄化させてしまうような報酬を、取締役会に相談もせず幹部に約束してしまうのは、経営者としてご法度だ。しかも、その直前に投資してくれた株主の持分も希薄化させてしまうなんて、最悪だ。だが一方で、すべてを取締役会のせいにしてその幹部への約束を破れば、当の幹部だけでなくその話を聞いた人たちみんなから非難されるのは間違いない。どうしたらいいだろう？　私はこう返信した。

フレッド

取締役会にこうきちんと話してみてはどうだろう（たとえばこんな感じで）？

新たな資金調達のたびに社員の報酬を増やすべきでないことは、私も理解できますし、賛成です。希薄化に関しては、私自身も社員も投資家も同じ扱いを受けるべきですし、今回のように誰かを優先するのは経営の面でも企業統治の面でも不適切なことでしょう。しかも、この幹部はすでに十分な報酬を得ているのだから、なおさらです。

ですが、この幹部と話したのは私なので、きちんと説明させてください。この話は雑談でも「もしかしたら」という話でもなく、約束だったのです。報酬を増やすことを私がはっきりと彼に約束したのです。今となってはそれが間違いだったとわかりましたし、取締役会に諮らなかったことは特に間違いだったとわかっています。ですが、約束してしまったことは事実です。

みなさんに是非ご理解いただきたいのは、私が約束を守るという前提の上にわが社のすべてが成り立っているということです。採用するすべての社員に、ここがどんな会社でこれからどうなるかを私は約束しています。今いる社員にも、この会社が成功する可能性があると約束しています。顧客にも、私たちが何を提供できるかを約束しています。これらすべての約束が経営幹部や社員によって何度も繰り返されるのです。こうした約束をするのは、必要だからです。私がやると言ったことはかならずやると社員が信じられなければ、この会社は成り立ちません。社員にも私が言ったことをやってもらう必要があるからです。

最も優秀な社員との基本的な信頼を私が壊してしまったら、信頼という企業文化も壊れ、会社の業務も滞ってしまいます。もちろん、株主を守ることが極めて大切だということも理解しています。そこで、こう提案させて下さい。（a）この幹部の株式持分を増やした分、幹部に与える株式を減らすか、それがだめなら（b）取締役会の承認を経て私個人の株式をこの幹部に約束した分だけ与えることを許していただけないでしょうか？

私にとって、この問題はそれほど大切なことなのです。

ベンより

フレッドは私のアドバイス通りにした。だが、この新しい取締役は譲らず、取締役会はフレッドの頼みを聞き入れず、その幹部は結局辞めてしまった。

残念な結果になったが、フレッドには薬になった。社員だけでなく取締役会にも正しい文化が必要だということを学んだのだった。この新しい取締役は、みずからの投資の命運を左右する大きな要因になるはずの企業文化をまったく気にかけていなかった。自分をタフガイに見せることだけを気にして、いつまでもごたごたを蒸し返した。フレッドはその後この取締役を追い出した。彼の会社は痛い目にあいながらも、力強く成長し続けている。

文化がぐちゃぐちゃになっている兆候

自分たちの企業文化が壊れているかどうかは、なかなか判断できない。社員がはっきりと教えてくれればそれに越したことはない。だが、(a) それには勇気がいるし、(b) 声をあげる人自身が企業文化に合った社員でないと、ただの愚痴だと思われてしまう（企業文化のほうが正しくて、愚痴を言っている社員はただその企業文化が嫌なだけだと思われる）か、(c) 企業文化への不平不満がぼんやりしすぎていて役に立たない。一番よく下から上がってくる文句（たいていは匿名で）は「うちの文化は壊れてる」とか、「企業文化が絵に描いた餅になっている」といったものだ。確かにそうかもしれないが、それでは何もわからない。

では、自分の会社が脱線していることはどうやったらわかるだろう？　ここにいくつかの兆候を紹介しよう。

■**辞められては困る人がよく辞める。**社員が辞めるのは仕方がないが、辞められては困る人が間違った理由で辞めていくなら、何かを変えたほうがいい。業績はいいのに離職率が同業他社より高いとしたら企業文化に問題がある。辞めてほしくない人が辞めている場合には、なおさら問題だ。企業文化に合うと思って採用した人が、ここに合わないと感じているとしたら、最悪の兆候だ。あるはずの企業文化がないということになる。

■**自社の最重要課題がうまくいっていない。**たとえば、顧客サービスへの苦情が殺到したので、顧客サービス向上を最優先課題に据えたとしよう。半年後、顧客満足度はほんの少し改善したものの、いまだに苦情は続いている。表面だけを見れば、顧客サポートがダメだからそのリーダーをクビにすべきだということになる。だが、顧客満足度は、プロダクトにはじまって、販売とマーケティング部門が掲げる期待値にもより、最後に顧客サポートの良し悪しに左右される。ということは、問題が企業文化にある可能性は高い。あなたの企業文化は顧客を喜ばせる社員に報いていないのでは？　その理由は？　おそらく、プロダクトを計画し、売上目標を達成し、人気の宣伝広告をつくり出す人たちに報いているからだろう。その文化を変えなければ、顧客を喜ばせることはできない。

■**ありえないことをやる社員がいる。**例のウソつき中間管理職、ソーストンを覚えているだろうか？　自分の会社の中でウソをついても許されると思われていることを知って、私は愕然とした。

ウソが許されないと示すために、私はソーストンをクビにする必要があった。それでも、彼がウソによって昇進した（社員はそう捉えていた）ことは、悪いお手本としてその後何年も尾を引いた。気をつけていなければ、真実はどうにでも解釈できてしまう。一度一線を越えてしまうと、以前に社員の一部が保証されていない契約を受注額として計上しようと提案したときのように、解釈が緩くなる。一度緩んだ基準をもとに戻すのは、本当に難しかった。今わかっていることを当時わかっていたら、ただちに全力で企業文化をプログラムし直そうとしたはずだ。ソーストンをクビにしたうえで、ショッキングなルールをつくるなり、頭から離れないような格言をつくるなりしただろう。「同僚にウソをついたらクビ」だと毎日思い出させる仕組みが必要だったのだ。

もしありえないことをしている社員がいたら、企業文化がそれを許しているのだと思い出してほしい。

見せしめ

文化を形づくったり変えたりするのに、見せしめほど強力な手法はない。見せしめとショッキングなルールは同じように見えるかもしれないが、ショッキングなルールはなぜそれがあるのかを考えさせるためのものだ。また、悪いことを未然に防ぐためにつくる。見せしめはそれと反対で、何か悪いことが起きてそれを正す必要があるときに、絶対に忘れられない警告になるものだ。悪いことが2度と起きないように文化を変えるのが見せしめだ。

中国古代の武将であり世界最古の兵法書『孫子』を著した孫武は、「見せしめ」を完璧に理解していた。偉大な歴史家司馬遷は、孫武が見せしめをどう使ったかについて、こう記した。

孫武は斉国の出身だった。呉の王である闔閭《こうりょ》が兵法書『孫子』を読んで孫武を呼びつけた。闔閭は孫武にこう聞いた。「先生の著作十三篇はすべて読んだ。先生の兵法理論を少しここで試してみてもらえまいか？」

孫武は答えた。「もちろんでございます」

闔閭が聞く。「それは女性にも有効なのか？」

孫武はもちろんだと答えたので、宮中から180人の女性が連れてこられた。

孫武は女性たちを2つの部隊に分け、王の寵妾《ちょうしょう》2人をそれぞれの隊長にした。そして全員に槍を持たせて整列させせた。「前後左右はわかっているな」と孫武が聞くと、女性たちは「わかっております」と答えた。

孫武は続けて言った。「私が前と言ったら前を向け。左と言ったら左を向け。右と言ったら右を向け。後ろと言ったら後ろを向け」女性たちはふたたびわかりましたと言う。将軍の命令はきちんと伝わったものとされ、槍と斧を持って訓練が始まった。太鼓の音を合図に孫武が「右！」と命令した。すると女性たちがどっと吹き出した。孫武は言った。「命令が不明確で理解が行き届かないなら、将軍に責任がある」

孫武はそこで訓練を再開し今度は「左！」と命令すると、またしても女性たちがどっと吹き出した。孫武はこう告げた。「命令が不明確で理解が行き届かないなら、将軍に責任がある。しかし、命令が明確でも兵士が従わないなら、隊長に罪がある」

孫武はそう言って、2人の隊長の打ち首を命じた。

玉座からこの様子を眺めていた闔閭は、寵妾2人が打ち首にされそうになると驚いて、孫武にこう伝えた。「将軍の腕はしかとわかった。寵妾2人がいないと飯も酒もうまくなくなる。頼むから打ち首はやめてくれ」と。

孫武はこう答えた。「ひとたび王の命を受けて将軍となったからには、君命といえども従いかねることもございます」

その言葉通り、孫武は寵妾2人の首を斬り落とし、次に高い位の女性2人を隊長にした。そこでまた太鼓が鳴り、訓練が再開された。今度は女性たちは打って変わって、声ひとつあげず、一糸乱れぬ正確さで命令に従って左右を向き、前後に動き、立ったり座ったりした。

孫武はここで王に伝令を送り、「兵は正しく訓練され統制されました。準備が整ったのでご視察下さい。君主のお望み通りに何でもするでしょう。たとえ火の中水の中、命令に背くことはございますまい」と伝えた。

しかし闔閭はこう答えた。「将軍は訓練を終えて兵舎に戻られよ。我は兵士の視察に向わずともよい」

すると、孫武はこう言った。「王は言葉は好まれるが、実行はなさらない」

その後、闔閭は孫武の兵法の才を認め将軍に任命した。孫武は西方の楚を倒して首都郢《えい》に侵攻した。北方では斉、晋を威圧して諸侯の間にその名を知らしめた。こうして孫武は王に匹敵する力を得た。

この逸話は情け容赦のないものに聞こえる。妾を殺す必要があったのか？　兵士ですらないのに？　とても不公平に見える。だが、この不公平さが孫武の望む文化を植えつけるカギになったのだ。あまりに残酷だったからこそ、この打ち首の話が王国の隅々まで広がることを孫武は知っていた。命令に笑いで返しても許されるとは、今後誰も思わなくなるはずだ。孫武にとってはここが最も重要だった。なぜなら戦場では兵士がひとりでも規律を守らないとすべてが水の泡になる危機を招くからだ。王様から妾まで水も漏らさぬほど強固な文化を孫武は求め、残酷な見せしめによってこの文化を根づかせたのだった。

あなたの会社が存亡の危機に直面したら、同じような不公平な見せしめが必要になるかもしれない。たとえば、顧客と裏取引をしている不届きな営業担当者がいるとしよう。契約書では返品不可となっていても、裏では顧客に3カ月以内ならいつでも返品可能と告げているかもしれない。財務や法務には、その裏取引を秘密にしている。財務部はその契約を売上として計上し、そこで会計不正が生まれてしまう（返品不可でなければ売上として計上できない）。

そんなとき、どうしたらいいだろう？　その営業担当者をクビにして会計処理の間違いを報告するのは当然だが、それだけで文化が変わるだろうか？　文化を変えなければ、ふたたびこうした行いが致命傷になるかもしれない。不正会計が繰り返されれば、ほぼ生き残れない。文化に最も影響を与えるのは、孫武のやり方だ。営業担当者だけでなく、上司もその上司もすべてクビにするのが一番いい。営業部門の管理職はみな、部下の行動に法的な責任があることは理解していても、少なくとも一部の上司にとっては、全員のクビを切るのはあまりにも不公平に映るだろう。だが、この状況では孫武のやり方を見習うべきだ。多数のニーズが少数のニーズに勝るからだ。見せしめを見たり聞いたりすれば、誰にでもその教訓がわかるだろう。それは、この会社では絶対に違法なことは許さないという教訓だ。

営業担当者が顧客に、提供できない機能をもうすぐ提供できるはずだと偽りながら、契約書ではその機能を明記していないとしたら、その営業担当者を罰するかおそらく解雇すべきだろう。だが、彼の上司まですべてクビにする必要はない。

文化の破壊者にどう対応するか

私は『HARD THINGS』の中で、「優秀な人材が最悪の社員になる場合」という節を書いた。どんな社員かというと、並外れた力はあるが文化を壊してしまう社員のことだ。3つのタイプの最悪の社員について説明したが、どのタイプもおそらくクビにしたほうがいいと書いた。『HARD THINGS』に書いた3つの例をここにまとめ、もうひとつさらに厄介な境界例を紹介しよう。

異端者

どんな会社にもかならず、自社の弱点を発見し、改善のために働いてくれる頭が良くて献身的な社員が必要だ。ところが、そうした社員の中には会社を改善するために弱点を発見するのではなく、自分の理論を証明するために弱点を探す者が出てくる。こういう社員が好むのは「この会社は愚か者が経営しており、将来に望みがない」という理論だ。頭が良ければ良いほど、こういう社員の行動は会社にとって破壊的となる。なぜなら、頭の良い社員なら周囲は耳を傾けるからだ。このタイプの人間は、献身的で生産性の高い社員を説得してやる気を失わせ、ほかの社員にも同じようにさせる。彼らはあらゆる経営判断を疑い、信頼を壊し、企業文化を崩壊に導く。

しかしなぜ、頭のいい人間がわざわざ自分の勤めている会社を破壊しようとするのだろう?

■**無力感。**自分が経営陣と接する術がないと感じ、不平を言うことだけが自分の意見を聞いてもらえる方法だと思っている。

■**もともと反逆者タイプ。**このタイプは社員よりCEOに向いている。

■**未成熟で衝動的。**経営者は現場の業務の隅々まで熟知しているわけでないことを理解できない。それゆえ、何かが壊れていたらすべて経営者の責任だと決めつける。

異端者に立場を変えさせるのは非常に難しい。ある立場を公にすると、その立場を一貫して守らせようとする社会的圧力がかかる。たとえば同僚50人に「うちのCEOは地球一の愚か者だ」と言ったあとでそれを撤回すれば、信用が失われる。人間は自分の信用を失わせるような行為を嫌う。

信頼性のなさ

ときおり、非常に頭がいいにもかかわらず、まったく信頼できない人間がいる。オプスウェアでロジャー（仮名）という天才級の人物を採用したことがある。彼が担当したのは、普通のエンジニアなら生産性を発揮できるようになるまで少なくとも3カ月はかかるような分野だった。ところがロジャーは、たった2日ですべてを習得してしまった。そこで3日目にロジャーを1カ月はかかりそうなプロジェクトに就かせたら、3日でほとんど完璧な出来栄えで仕上げてしまった。もっと正確に言えば、彼は72時間ぶっ通しで働いて仕上げたのだ。その間、休みも眠りもせず、ひたすらプログラミングを続けた。ロジャーは最初の3カ月で、われわれが採用した中で最高の社員とわかった。われわれはすぐに彼を昇進させた。

ところがそこから、ロジャーは変わりはじめた。何度も無断で欠勤する。1週間以上無断で欠勤することもあった。やっと出社してくるとひどく謝るのだが、勤務態度は改まらなかった。仕事の質も落ちた。不注意になり、ぼんやり過ごす時間が長くなった。あれほどのスター社員がなぜこうなってしまったのか、私たちには理解できなかった。ロジャーのチームはロジャーになにひとつ任せられなくなり、マネジャーは彼を解雇しようとした。

でも、私は止めた。ロジャーの天才性はすっかり失われたわけではないと考え、それを取り戻す方法が見つかると期待したからだ。しかし、それは見つからなかった。結局ロジャーは双極性障害である上に、二重の薬物問題を抱えていることがわかった。

（1）双極性障害の薬を嫌って服用しないうえに、（2）コカイン中毒だった。われわれはロジャーを解雇するしかなかった。今でも、どうして彼はああなってしまったのかと考えると胸が痛む。

極端に信頼性を欠く人物はなにか根本的な性格上の問題を抱えていることが多い。その理由は、自己破壊的な衝動であったり、薬物乱用であったり、秘密の内職であったり、さまざまだ。チームの頼っている人が、なんの説明もなく信頼に欠く行動を取っても許されるとしたら、ほかのメンバーもまた信頼に欠く行動をしてもいいと思ってしまう。

根性曲がり

この種の「頭のいい最悪社員」はどのレベルにもいるが幹部社員だった場合、その影響はとくに破壊的となる。幹部社員の多くは、ろくでなし、我利我利亡者《がりがりもうじゃ》、見栄っ張り、その他の罵倒語で呼ばれるような性格である。ものすごく無礼な言動でも、場合によっては意思を明確にし、強い教訓を与えるためには役立つ。私がここで指摘するのは、そういった意味での「悪い」性格ではない。攻撃のチャンスをうかがうような人間——攻撃が個人的であるほど、喜ぶたぐいの性格だ。

経営幹部がいつも愚かな振る舞いを繰り返していれば、会社の足をひっぱることになる。企業が大きくなると、円滑なコミュニケーションは最優先の課題となる。スタッフのひとりがいつも怒鳴りまくっているようなクソ野郎だったら、コミュニケーションが成り立たなくなる。

その人の近くではみんなが話をやめてしまうからだ。誰かがマーケティングの話題に触れるたびにマーケティング担当副社長が飛び出してきて怒鳴りまくるようだったら、誰もマーケティングの話をしなくなる。

会議にこういう根性曲がりがいると誰も口を開こうとしなくなる。その結果、会社全体がゆっくりと腐っていく。念のため付け加えておくが、問題の社員が極めつけに頭がいい場合のみ、こうした破壊的な影響が広がる。そうでなければ、その社員が誰を攻撃しようと気にする者はない。ケガが大きくなるのは、大きな犬に噛まれたときだ。もし幹部スタッフに大きな犬がいる場合は、その犬をどこかに追い払うしかない。

怒りの代弁者

たまに、なんとか性格を変えられたらすごくいい社員になるのにと思うようなタイプがいる。私はそんなタイプの根性曲がりを、パブリック・エネミーの楽曲にちなんで「怒りの代弁者」と呼んでいる。怒りの代弁者タイプはありえないほど働き者で、不屈の闘志を持っている。どんな障害にも屈せず、どんな問題にもひるまず、誰を怒らせても気にせず、仕事をやり遂げる。彼らは破壊者、ならず者、邪魔者、いやな奴などと呼ばれる。実際にただのクソ野郎の場合もある。それでも、彼らを排除する気になれないのは、彼らほど質の高い仕事を大量にこなしてくれる人がいないからだ。だから、もう少し一緒に働きやすい性格だったらいいのにと思ってしまうのだ。

彼らはあまりに独善的なので、適切な仕事の仕方について話し合うことすら難しい。自分のやり方が正しいと頑なに信じて疑わないからだ。彼らにとっては、自分以外の人たちがいつも間違っているのだ。

このタイプの人たちの経歴は、典型的な採用基準とはかけ離れている。貧しい家庭で育ち、「間違った」学校に行かされたと思っている。あるいは、宗教や性的志向や肌の色が「間違った」側にいると考えている。だから、社会の間違った側で育ち、そのことでみんなが自分に偏見を持っていると思い込んでいる。だから、火の中に飛び込んででも、実力を証明しようとする（こうした生い立ちの人がみんな「怒りの代弁者」になると言いたいわけではない。怒りの代弁者の中にこうした生い立ちの人が多いというだけだ）。

このタイプの社員は、企業にとっての大量破壊兵器だ。彼らは究極の武器にもなるが、それを使えば会社が破壊されかねない。彼らに企業文化と企業そのものを破壊させないようにするには、どうしたらいいだろう？

怒りの代弁者を部下に持ったら、彼らは怒りをぶちまけるのは得意だが、批判を受け止めるのは苦手だということを覚えておいてほしい。なんのためらいもなく同僚を鋭く攻撃するくせに、少しでも批判されるとがっくりと落ち込んでしまう。たいていの上司はそうした反応をバカバカしいと思い、彼らを見捨ててしまう。そうして、卓越した才能を開花させるチャンスを逃してしまうのだ。

怒りの代弁者タイプは完璧主義者でもある。自分にも完璧を求め、周りの人たちにも完璧を求める。凡庸な仕事や凡庸な思考を目にすると、激怒する。だが、激怒して他人の気持ちを踏みつけるのと同じ心理で、批判されると縮こまってしまう。卓越した仕事をすることに人生を捧げているので、自分の仕事が少しでも批判されると、人格を否定されたように感じてしまうのだ。覚えておいてほしいのは、このタイプの人たちは生い立ちへの負い目から、そもそも自分は周囲に歓迎されていないと疑ってしまう傾向が強いということだ。

怒りの代弁者タイプを使いこなすカギは3つある。

1 彼らの行いを注意するのではなく、彼らの行いが生み出す逆効果を注意する。上司から「会議で怒鳴り散らすのは許されない」と言われると、このタイプの社員は「お前が怒鳴るのは許されないが、ほかの人なら許されるし、それは上司の私がお前の揚げ足を取りたいからだ」という意味に受け取ってしまう。むしろ、彼の行いが周囲にどう見られているかを教えてあげたほうがいい。「君にはとても大切なミッションがある。だが、アンディのチームが君の邪魔をしてると怒鳴っても、アンディは君の邪魔をしないよう努めようという気持ちにはならないだろう。みんなの前で屈辱を受けたアンディは、君に仕返ししたくなるだけだ。君のやり方はまったく逆効果だよ」と教えてあげよう。最初は批判されていやな気持ちになるかもしれないが、そのうちにあなたが正しいことに気づき、問題を改善しようと必死に努力するはずだ。なぜなら、このタイプは完璧主義者だからだ。

2 彼らを変えるのは不可能だと覚悟しておく。怒りの代弁者タイプをいくら上手にコーチングしても、その性格を完全に変えることはできない。だから、このタイプをほどほどに抑えながら、一方でほかのチームメンバーには彼の極めて高い生産性に免じて彼を受け入れてもらうようにお願いするしかない。

3 彼が得意なことに集中してコーチングを行う。このタイプは思い込みが強く、否定的な評価だけしか与えないと差別されているとますます思い込む。だから、彼の得意なことをさらに伸ばすことに時間をかけたほうがいい。そうすれば彼の超人的な能力が引き出され、会社の生産性を爆発的に引き上げてくれるだろう。たとえば、この社員がいつも同僚を打ち負かそうとしている敏腕営業担当者なら、同僚と張り合うよりもアイデアを売り込んでみろとけしかけてみるといい。

いずれにしろ、怒りの代弁者タイプのほうが企業文化に合わせるようにならなければいけない。だが、あなたがこのタイプの改善に努力していると、それが特別扱いだとしてほかの社員の怒りを買うことも知っておくべきだ。企業文化に合わないこうした社員をどうしてすぐにクビにしないのか、と批判されるだろう。

企業文化からの逸脱が、隠れた多様性だとあとでわかることもある。しかし、個人の成果より文化の一貫性のほうが重要で、怒りの代弁者タイプをクビにしたほうがいいこともある。それもまた、文化の表明であることを頭に留めておこう。つまり、いくら仕事ができても、企業文化に大きく反することは許さないと宣言しているに等しい。

このことは、あなたがどんな文化を望むのかについて、より深く自問するきっかけになる。あなたの会社は例外をまったく許さない場所か、それとも多様性と特異性を受け入れるところか？　愚痴る社員に対して、「フロイドは特別な才能の持ち主なので、ここに慣れるまでもう少し時間をあげようと思う」と言えないようなら、あなたの会社は例外を認めない文化だし、怒りの代弁者タイプと関わろうなどと思わないことだ。

たとえ、あなたが最高のコーチだとしても、会社が大きくなると怒りの代弁者タイプの怒りがあまりに大きすぎて組織で機能しなくなるかもしれない。しかし、彼らのエネルギーをいい方向に向けるように努力する価値はある。優秀な怒りの代弁者タイプは、あなたの会社が持つ最も強力な武器になりえる。

意思決定の文化

あなたが下す決定は、ほかのどんなものよりあなたの企業文化に影響する。また同時に、その意思決定のプロセスも文化の核になる。リーダーの意思決定には3つのスタイルがある。

1　敵か味方か？　このタイプのリーダーは「お前の意見はどうでもいい。俺は俺の道をいく。俺のやり方が気に入らなかったら出ていけ」と言う。一番手っ取り早いのはこのやり方だ。話し合いも何もなく決められる。

2　全員参加。 このタイプのリーダーは民主的なプロセスを好む。正式な投票ですべてを決めていいなら、そうしたがるだろう。意思決定に長い時間がかかるものの、全員が参加できることが保証されている。

3　みんなの意見を聞いて私が決める。 このタイプのリーダーは、正しい情報を集めてすべての知恵を使いながら、プロセスの効率化を図ろうとする。全員参加スタイルほど民主的ではないし、敵か味方かスタイルほど効率的でもない。

ビジネスでは3つ目のスタイルがたいてい一番うまくいく。敵か味方かスタイルはCEOの下にいるすべての人の力を削ぎ、上層部自身がボトルネックになる。全員参加スタイルでは逆にみんな気が狂いそうになる。敵か味方かのほうが社員にとってはまだましだ。

CEOは意思決定の効率とその聡明さによって評価されるので、みんなの意見を聞いて私が決めるスタイルならスピードと情報量のバランスが取れた意思決定が実現されやすい。これは、社内の全員が十分な情報を持っているわけでないという前提に立って、上に立つ人間が知識を蓄えてどの道を行くかを決めるというスタイルだ。

文化が崩れるのはたいてい、意思決定が下されたあとだ。たとえば、あなたがソフトウェアのプロジェクト中止を決めたとしよう。しかもそれは財務的な理由からで、プロジェクトマネジャーは中止に反対だった。だがマネジャーはチームにこの決断を伝えなければならない。チームメンバーは自分たちの苦労が水の泡になると聞けば、腹を立てるに違いない。マネジャーはこう言いたくなって当然だ。「みんなの気持ちはわかるし、正直言えば私もみんなと同じ気持ちだが、上に逆らえなかった」

この発言は企業文化を決定的に傷つけるものだ。チームメンバーは力のない上司のもとで働いていることを知り、取り残されたと感じるだろう。無力な上司のさらに一段下にいると感じさせてしまう。トーテムポールの最下段よりもさらに下の地面に埋められたようなものだ。頑固なメンバーは社内に不満を触れ回り、経営陣への疑念をほかの社員にも抱かせ、そもそも自分たちの仕事に意味があるのかと疑いはじめる。そのすえに、無関心になるか疲れ切って何も言わなくなるか、その両方になる。

したがって、意思決定のプロセスがどのようなものであっても、「反対しコミットする」ことを厳格なルールとして守らせることが、健全な企業文化を維持するのに欠かせない。もしあなたが管理職なら、どの階層であっても、一度決定されたことはかならず尊重する責任がある。会議で反対するのはいいが、そのあとは最終決定を尊重するだけでなく、その決定の理由についてはっきりと説得力のある説明ができなければならない。

くだんのマネジャーはこう言うべきだった。「とても難しい決定だった。我々は素晴らしい仕事をしたし、このプロジェクトは本当に有望だったが、事業全体の優先順位と現在の財務状況を考えると、継続するのは妥当でない。今はコア事業に集中すべきだ。このチームの全員がその力を必要な場所で存分に発揮できるよう、今回のプロジェクトを中止することにした」

こうした重大な決断のあとには、社員にその決定についてどう思ったかを聞いてみるといい。

そうすれば、決定の根拠が組織内に忠実に伝わっているかどうかがわかる。ＣＥＯとしての私は、例外を絶対に許さないタイプではなかったが、決定を尊重しない管理職は絶対に許さなかった。なぜなら、それを許すと企業文化がなし崩しになってしまうからだ。

意思決定のプロセスにおいて一番大切な要素は、「スピードと正確さのどちらを取るか、またどちらをどれだけ優先させるか？」という点だ。答えはその企業の性質と規模による。何万人もの社員を抱え、毎日無数の決定を下さなければならないアマゾンやゼネラル・モーターズのような大企業では、正確さよりもスピードのほうが断然重要だ。たいていの場合は、間違った判断でも素早く下し、その後正しい判断に修正するほうが、時間をかけて正しい判断を模索するよりも早い。

たとえば、ある大企業がプロダクトに特定の機能を搭載するかどうかを決めるのに半年かけたとしよう。するとその半年間、１００人の社員がそのプロダクトに関連するすべての開発を止めることになる。新機能を搭載するかどうかの判断はそれほど重要なものだったのか？　本当に半年も議論する必要があったのか？　おそらくないはずだ。

一方で、アンドリーセン・ホロウィッツのような会社を考えてみよう。われわれが1年に下す重要な投資判断は20件ほどだ。この判断を正しく行うことは、スピードよりはるかに大切だ。1年に20本しかシュートを打てないとしたら、一つひとつを確実に決めたいと思うのは当たり前だ。だから何時間も議論を繰り返し、さまざまな側面を何度も考え直し、それから翌日にすべてのプロセスを最初からもう一度繰り返す。われわれにとってはスピードより正確さがはるかに重要だからだ。

普段は速さを優先する人でも、特定の場面では正確さを優先させたほうが文化的にいいこともある。「最高のデザイン」や「最高のセンス」が価値提案と企業文化の要《かなめ》だとしたら、商品パッケージの黒の色味について何十時間も議論するのは有益だろう。そこまでこだわっても売上が大幅に改善されるわけではないかもしれないが、デザインに手抜きをしないという企業文化はかならず強化される。

「社の命運を左右する」ような決定には、異なるプロセスが必要になる。普段はアマゾンでは「2枚のピザ」方式が使われている。プロダクトに関する主な意思決定は、2枚のピザで足りるだけの人数で行わなければならないということだ。しかし、数十億ドルの投資を伴う新しいクラウドサービスを立ち上げるかどうかの判断は、はるかに多くの人員と長い時間をかけて行われる。

スピードと正確さを天秤にかけるとき、企業文化の中で権限委譲がどこまで浸透しているかがカギになる。意思決定の権限を持つのは組織階層のどのあたりまでか？　重要な決定を末端の社員に任せられるだろうか？　末端の社員は正確な判断ができるほど十分な情報を持っているか？

社員が本当に社内で発言力を持てれば、より仕事に打ち込み、生産性は上がるはずだ。また判断を上に委ねれば委ねるほど、決定が遅くなり、精度も下がる。

だが一方で、判断をどんどんと末端に委譲しすぎると、いくつかの問題が起きる。

■プロダクトグループ間の意思疎通が途切れる。その結果、顧客にとってはいらだたしいことが起きる。グーグルは長年プロダクトごとにそれぞれ独自のユーザーアカウントを運用していた。たとえば、私のGメールアカウントはBenHだが、ユーチューブには同じアカウント名でログインできなかった。これではユーザーは面倒だし、グーグルはすべてのプロダクトを横断したユーザー行動を把握できない（ラリー・ペイジがCEOに戻ってやっとユーザープロフィールの共通化を各グループに指示した）。

■部門間の意思疎通が途切れる。すると、素晴らしい製品を開発しても市場で販売する能力のない会社になってしまう。ゼロックス社のパロアルト研究所（PARC）はグラフィカルユーザーインターフェースなど数々の画期的なテクノロジーを開発したものの、ほかの部門はPARCの発明を理解できず、そうしたイノベーションを上手に市場に投入できなかった。結局、ゼロックスもこのことに気づき、PARCを100パーセント子会社として独立させた。

■最も優秀な人が意思決定に参加できなくなる。ネットフリックスでリード・ヘイスティングスの知識と経験が判断に役立たないケースなどないはずだ。

2012年にラリー・ペイジと意思決定における権限委譲の善し悪しとその複雑さについて話し込んだ。ペイジがある日私のオフィスに立ち寄った。未来に向けてどのような組織の形が最適なのかをペイジは考えていて、アイデアの壁打ちにやってきたのだった。

ペイジはスティーブ・ジョブズと話をしたばかりで、ジョブズから「色々やりすぎだ」と叱られたらしい。グーグルも、アップルのようにもっと的を絞って少数のことに卓越すべきだとジョブズは思っていた。ジョブズがプロダクトの細かいことにあれこれ口を出すのは有名で、そのスタイルで見事な結果を出していた。アップルのプロダクトは美しく、シームレスにつながり、アップルストアの設計や外観にいたるまでアップルのイメージ通りに販売されていた。スティーブ・ジョブズの世界では、「色々やりすぎる」のは害悪だった。アップルが手当たり次第に何にでも手をつけはじめたら、世界一のセンスもシームレスな統合も保てなくなってしまう。

私はペイジに、少数のことに卓越するのが彼の望みかと聞いた。するとペイジがこう答えた。

「いや、これまでにない画期的なアイデアを追い求められなければ、僕が僕じゃなくなる」私は言った。「なら、君がそうできるような組織設計と文化が必要だな。アップルとはまったく違う形の」

そこで、ペイジと私は新しいプロダクトの方向性を次々と打ち出した企業について話し合った。たとえばトーマス・エジソンがつくったGEや、ウォーレン・バフェットのバークシャー・ハサウェイや、ビル・ヒューレットやデイブ・パッカードのヒューレット・パッカードなどだ。ペイジが最終的に行き着いたのは、アルファベットという親会社の傘下にグーグルも含めて数多くの独立企業を置くことだった。ペイジの目標を実現するには、それが一番いいやり方だった。今では長寿の研究から自動運転車まで、すべてを追いかけることができている。だが、この会社がひとつのスタイルのもとにすっきりとまとまることはないだろう。

意思決定の分散か集中かを考えるうえで、もうひとつ考えておくべき要素は、平時か戦時かという点だ。あなたの会社はうまくいっていて、成長に向けての工夫に注力しているところだろうか？　それとも生き残りの危機に直面しているだろうか？

『HARD《ハード》　THINGS《シングス》』で書いたように、平時と戦時では異なる経営スタイルが必要とされる。

平時のCEOは「勝利の方程式」を知っており、それに従う。戦時のCEOはそういった既成概念を打ち破らなければ勝利できない。

平時のCEOは広い視点で大局を見るが、実施の詳細については部下に大幅に権限を委譲する。戦時のCEOは根本的な問題に関わるものであればチリひとつ放っておかない。

平時のCEOは大量の人材を採用できる効率的なリクルートマシンを整備する。戦時のCEOも同じことをするが、同時に人事部門は大規模なレイオフを断行しなければならない。

平時のCEOは企業文化の育成に努める。戦時のCEOは生き残りを賭けた闘争そのものに企業文化をつくらせる。

平時のCEOは緊急事態に備えた対策がある。戦時のCEOはサイコロを投げて「3のゾロ目に賭ける」しかない場合があることを知っている。

平時のCEOは自社の優位性の活かし方を知っている。戦時のCEOは偏執的だ。

平時のCEOは罵り言葉を使わずに済む。戦時のCEOは意識して罵り言葉を使う場合がある。

平時のCEOは、ライバルとは大海原で一度もすれ違わない存在だと考える。戦時のCEOは、ライバルを夜中に家に忍び込んできて子供たちを誘拐しようとする敵と考える。

平時のCEOは市場全体の拡大を図る。戦時のCEOは、なにがなんでも市場シェアを獲得しようと考える。

平時のCEOは部下が創造性を発揮して真剣に努力している限り、指示に反する行動も許す。戦時のCEOは命令からの逸脱をわずかでも許さない。

平時のCEOは大声で怒鳴ったりしない。戦時のCEOは穏やかな調子でしゃべることのほうが少ない。

平時のCEOは紛争を最小限に抑えようとする。戦時のCEOは対立を極限まで推し進める。

平時のCEOは広く支持を集めようとする。戦時のCEOはコンセンサスづくりなどに時間を割かず、反対も許さない。

平時のCEOは目覚ましい大胆な目標を設定する。戦時のCEOは目前の敵を追いかけるのに必死なので、レモネードの屋台でさえ経営した経験のないコンサルタントの書いた経営書などは読まない。

平時のCEOは社員の自己実現と適切なキャリアパスのために研修を提供する。戦時のCE

Oは戦いに負けて会社がなくなってしまうことがないように社員を鍛える。

平時のCEOは「市場で1位ないし2位が獲得できないならその市場からは撤退する」というようなルールを設けることができる。戦時のCEOにはそもそも市場で1位や2位になっているような事業がないので、そんな贅沢なルールに従う余裕はない。


平時から戦時モードに切り替えるのは簡単だ。CEOが細かいことにやたらと首を突っ込むようになり、たとえば生産の遅れについて毎日ミーティングを開きはじめると、会社全体が即座に反応し、社員全員が戦時のスタイルに切り替わる。

戦時から平時モードに切り替えるほうがややこしい。戦時のCEOは会社全体の意思決定に当然大きな役割を果たすようになる。特定の決定を下さない場合でも、人々はCEOの顔色を伺い、その意図を読み取って判断材料に使う。戦時には個人への権限委譲は減る。

戦時のCEOであるスティーブ・ジョブズから、平時のCEOであるティム・クックに移行したことで、プロダクトの意思決定をめぐるアップルの企業文化は劇的に変化した。クックはジョブズほどプロダクトに口を出さないため、古参社員の多くはアップルが昔ほどの熱量では卓越を目指していないと感じはじめた。新たな文化に強みがあることがそのうちわかるかもしれないが、アップルがこれまでとは違う場所になったのは明らかなようだ。

ウーバーの経営者が永遠の戦時のCEOトラビス・カラニックから、あらゆる決断をするほどこの会社のことをまだ知らない平時のCEOダラ・コスロシャヒへと変わったとき、コスロシャヒが体制を立て直すまで意思決定のプロセスは停滞した。コスロシャヒが同時に以前の企業文化のバグを取り除こうとしていたことも、重荷になっていたに違いない。

ほとんどのCEOは平時から戦時へ、またその反対へと文化を切り替えることはできない。ほとんどのCEOは性格的にどちらか一方にしか合っていない。平時のCEOは外交的で忍耐強く、人一倍チームのニーズに敏感で、社員の自主性に任せることをよしとする。戦時のCEOは対立をいとわず、組織の方向性について自分が正しいと信じて譲らず、ありえないほどせっかちで、完璧でないものを決して受け入れない。

したがって、もし変化を起こす必要がある場合には、取締役会が古いCEOをクビにして、新たな状況に対応できる誰かを連れてくる。エリック・シュミットの平時の体制ではグーグルのユーザープロフィールは統合されず、ラリー・ペイジがCEOに就任し戦時の体制に戻ると、統合が実現された。ペイジは、グーグルがフェイスブックをライバルとして真剣に受け止めていないことに懸念を抱いていたのだ。

当たり前だが、平時のCEOのもとで働きたがる重役は戦時のCEOのもとでは働きたがらないし、逆も同じだ。シュミット時代の重役でペイジのもとに残っているのはただひとりしかいない。それが法務と事業開発のトップを務める無類の天才デイビッド・ドラモンド。そして彼は自分をカメレオンと呼んでいる。

第10章 まとめ

クスリは部屋のそこら中にある
ただ正直に生きたいだけだ
——フューチャー

FINAL THOUGHTS

Got crack all in my drawers, I' m just honest
——Future

この本では武士、チンギス・ハン、刑務所ギャング、そしてアマゾンまで、組織の核になる文化を見てきたが、ひとつの文化がすべての組織にとって正しいわけでないのは明らかだ。ひとつの規範が世界のどこでも正しいわけではない。あなたの会社の文化は、あなたの個性や信条や戦略を反映した独自のものでなければならないし、会社が成長し環境が変わるにつれて進化していかなければならない。

この最終章では、すべての組織に必要な3つの文化規範を取り上げる。そして、なぜその実行が難しいのかを詳しく見ていく。それから、この本で紹介した最も重要な文化構築のテクニックを振り返る。起業する人や自社を立て直したい人のチェックリストになれば幸いだ。

信頼

あなたは正直な人間か？　一瞬考えて、「はい」と答える人がほとんどだろう。では、ほかにあなたが正直だと思う人は誰だろう？　こちらは答えに詰まるはずだ。自分のことは正直だと思っているくせに、他人を正直だとはっきり認められないのはなぜだろう？

本当のことを言うのは、そう、本当に難しい。人は本音を口にしたがらない。相手の聞きたいことを言うほうが簡単なのだ。そうすれば、みんな気分よく過ごせるから……少なくとも一時的には。本当のことを言うには勇気がいる。そして、勇気と同じくらい大切だがあまり語られていないのは、判断力とスキルも必要ということだ。

なぜCEOは、自分が望むほどには正直になれないのだろう？
いくつかの場面を見てみよう。

■売上が不振。社員に本当のことを言えば、勘のいい人は当然、会社が潰れるのではないかと心配して辞めるだろう。彼らが辞めれば引き続き業績は悪化し、目標未達と離職の悪循環が繰り返される。

■コスト構造が重すぎてレイオフが必要だ。会社が潰れそうなわけではないが、もしレイオフをすればマスコミが危ないと書き立てる。社員がそれを読み、パニックになり、辞めていく。すると会社が本当に潰れそうになる。

■優秀な経営幹部が最大のライバル会社に転職した。ライバル会社のプロダクトのほうがまさっていると思ったからだ。その幹部の本当の転職理由を話せば、ほかの社員も転職を考えるかもしれない。

■自社のプロダクトに深刻な欠陥があり、ユーザーがライバル製品に乗り換えている。社員がそれを知れば、この会社がダメな2番手企業だと思いはじめるかもしれない。

■前回の資金調達時の会社評価額は高すぎたので、今回の増資では評価額が下がることになりそうだ。また、管理職は、株価がさらに上がると約束して新しい人たちを採用してしまった。

こうしたよくある状況で、本当のことを伝えるのは会社として自殺行為のように思われる。では、仕方ないと諦めてウソをつくべきなのか？　違う。信頼は正直さから生まれ、社員があなたを信頼しなければ会社は崩壊する。そのカギになるのは、難しいが、真実を話すこと。それによって会社を破壊しないことだ。

これをやってのけるには、現実は変えられないことを受け入れた上で、現実に新しい意味を持たせなければならない。たとえば、その現実がレイオフだとしよう。ここでまず、レイオフに対する解釈は人によって違うことを理解しておこう。マスコミは、レイオフを会社が傾いている証拠と報道するだろう。クビになった社員は裏切られたと感じ、周囲にそう伝える。会社に残った社員は、それぞれ勝手に解釈する。しかし、誰よりも先にあなたがレイオフに意味を持たせ、正直に説得力を持ってその意味を伝えれば、あなたの解釈がみんなの記憶に残るものとなる可能性は高い。

現実に新しい意味を持たせるカギは3つある。

1　事実をはっきりと述べる。「計画より400万ドル未達になったので、30人を解雇しなければならない」など、事実をありのままに伝える。社員のパフォーマンスに問題があったとか、せっかく苦労して雇った人なのにいないほうが会社のためだとか、言い訳をしてはいけない。事実は事実であって、あなたが事実を認識していることをみんなが理解していることが重要だ。

2　あなたの失敗がレイオフにつながる状況を招いてしまったとしたら、それを認める。必要以上に焦って会社を拡大しようとしたのはなぜだったのか？　同じ過ちを繰り返さないために、どんな教訓を学んだのか？

3　今回の行動がより大きなミッションになぜ必要なのか、そのミッションがどれほど大切なのかを説明する。レイオフが適切に行われれば、この会社に新しい命を与えられる。厳しいことだが当初の目的を達成するため、ここにいるみんなが賛同したミッションを果たすため、つまり最終的に成功するためにレイオフは避けて通れない。レイオフが無駄にならないように、最終的な目的を果たすのはあなたの仕事だ。ここから何かいいことを生み出す必要がある。

現実に新しい意味を持たせた見事な実例が、エイブラハム・リンカーンによるゲティスバーグ演説である。兵士たちがなぜゲティスバーグで命を捧げることになったのかを国民に説明した演説の中で、リンカーンは南北戦争に新たな意味を与えたのだった。それは偉大な演説だった。ゲティスバーグの戦いはアメリカ史上最も激しい血みどろの闘いだった。3日にわたる戦闘で、同じ国の同胞が敵味方となって戦い、5万人近い死者が出た。当時、多くのアメリカ人は南北戦争を、連合や州の権利を守るための戦いと捉えていたり、奴隷制度を守るための戦いとして捉えていた。

リンカーンはその演説に新たな視点を持ち込んだ。彼の演説は簡潔かつ強力で、全文を読む価値のあるものだ。

87年前、我々の先祖は、自由の精神にはぐくまれ、人はみな平等に創られているという信条に基づいて新たな国家をこの大陸につくり上げた。

いま我々は一大内戦のさなかにあり、自由の信条に捧げられたこの国家、あるいはこのようなあらゆる国家が、長く存続できるかどうかが試されているのである。そのような戦いに、我々はこの激戦の地で相対している。

この国家が生き永らえるようにと命を捧げた人々の最後の安息の地として、この戦場の一部を捧げるために、我々はここにやってきた。そうすることは適切であり、好ましい。

しかし、さらに大きな意味で、我々はこの地を捧げることはできない。この地を清めることも、神聖なものとすることもできない。生き残った者も戦死した者も、ここで戦った勇敢な人々が、我々の乏しい力を超越し、すでにこの地を清め捧げているからである。世界は、我々が今日ここで話すことなど気に留めず、長く記憶に留めることもないだろう。しかし、勇気ある者がここで成したことが、決して忘れ去られることはない。ここで戦った人々が気高くも勇敢に推し進めた未完の使命を果たすべきは、むしろ生き残った我々である。目の前に残された偉業に身を捧げるべきは、我々なのである。

我々は、名誉ある戦死者が最後の力を尽くして命を捧げた大義を受け継ぎ、一層の献身を決意しなければならない。そして彼らの死を決して無駄にしないため、神の下でこの国に新しい自由を誕生させるため、人民の人民による人民のための政治を地上から決して絶滅させないため、我が身を捧げなければならない。

リンカーンの演説以前には、ほとんどの人はアメリカという国を、「人はみな平等につくられている」という信条に捧げられた国家だとは考えていなかった。しかし、演説以降はそれ以外の定義を考えられなくなった。リンカーンはみずからが指揮した戦争で膨大な命を犠牲にしたことを認め、その犠牲を意義あるものへと昇華させた。この戦争に意義を与えただけでなく、国家そのものに意義を与えたのだった。

人々が悪い知らせを聞いて心配し大騒ぎするのではないかと思ったら、ゲティスバーグ演説を思い出してほしい。取引に失敗したり、四半期目標に届かなかったり、レイオフを行わなければならなくなったら、その出来事に意義を与えるだけでなく、会社の本質を再定義するチャンスだと考えよう。どれほどひどい失敗をしでかしたとしても、何万人もの兵士を死なせたわけではないのだから。

一方で、信頼などまったく気に留めない会社もある。

社内競争をけしかけるリーダーもいる。社員同士を競わせ、一番優れた社員に勝たせるのが彼らのやり方だ。このやり方は、社員のほとんどが同じ仕事をしているような業種によく見られる。たとえばベンチャーキャピタル、投資銀行、いわゆる「ブラック系の」販売会社などだ。こうした職場は協力的でなく、社員の格付け競争があり、お互いへの信頼は存在しない。出世のためなら口からでまかせもいとわない。残念ながら、この仕組みが利益体質につながることもある。

だが私は絶対にそんな会社で働きたくない。

悪い知らせに心を開く

それなりの大きな組織を管理していれば、絶対に確かなことがひとつだけある。それは、いつもどこかで何かしら悪いことが起きているということだ。現場のマネジャーの中には、災厄の火種がくすぶっていることを知っている人もいるが、トップにはそのことを話さない。なぜ話さないかはこれから見ていくとして、長く隠せば隠すほど、問題は大きくなるばかりだ。

こうした隠れた問題を早期に発見できるような企業文化を築くにはどうしたらいいだろう？　これが意外に難しい。社員が悪い知らせをわざわざ伝えたがらない理由はいくつかある。

■**無責任に感じられる。**　経営の格言で、「解決策を持たずに問題を持ち寄るな」という言葉をよく聞く。この考え方は、社員の自主性や権限委譲や責任感を促すものだが、欠点もある。ひとつは、単に「そもそも問題を持ち寄るな」と聞こえてしまうことだ。問題はわかっていても、解決できない場合はどうしたらいい？　もしあなたがエンジニアで、ソフトウェア・アーキテクチャに構造的な欠陥があると気づいても、それを直す権限も専門性もない場合はどうしたらいいだろう？　もしあなたが営業担当者で、同僚が不正な裏取引をしていると気づいたらどうする？　誰にも頼らずに解決できるだろうか？　悪い知らせを教えてほしいなら、部下からその権限を奪わないように気をつけなければならない。

■**会社の長期目標が社員の短期インセンティブに合わない。**今四半期中に新しいプロダクトを出荷しなければならないとしよう。遅れが許されないので、出荷できればエンジニアにボーナスを支払うと約束した。ここでそのプロダクトに深刻なセキュリティ上の欠陥があるとわかった。もしあなたがその欠陥を発見したエンジニアで、子供たちにクリスマスプレゼントを買う金が必要だとしたら、どうする？

■**怒られたくない。**問題に気づいたということは、あなたが問題を起こした張本人でどう解決したらいいかわからないという可能性が高い。上司にそれを打ち明ければ罪を認めることになる。誰がそんなことを進んでしたがるだろうか？

自主性と権限委譲の文化を傷つけず、みんなをがっかりさせず、愚痴を言わずに問題を伝えるにはどうしたらいいだろう？

悪い知らせを歓迎する

私は問題について聞かされたら、なるべくうれしそうにするようにしている。「手遅れになる前にわかって良かったじゃないか」とか、「これを解決すれば、この会社もまた一段と成長するぞ」と言う。部下はリーダーの様子を見て、リーダーが悪いニュースを受け入れるなら、自分たちもなんとかできそうだと思うようになる。優れたCEOはこうした痛みと暗闇に自分から駆け寄っていく。そして、そのうちに痛みを楽しむようにすらなる。

管理職の多くは経営層の会議に参加したがる。そうすれば必要とされているように感じられ少し偉くなった気がするからだ。私はこの気持ちを利用して、経営会議への参加に入場料を取ることにした。その入場料とは、今「炎上中の」問題を少なくともひとつは白状しなければならないというものだ。「この会社の中で完全に壊れていることが絶対にあるはずなのはわかっているし、それが何かを知りたいんだ。それがわからないなら、このミーティングに参加しても意味がないな」と私は言っていた。そう言っていたら、悪い知らせが殺到するようになったが、問題を表に出して議論するのはいいことだし、そうしようという文化ができ上がった。

解決できない問題について知ったことが、別の問題解決につながったこともある。ラウドクラウドの焼けあとからオプスウェアを立ち上げたとき、私はクラウド環境を管理するためのソフトウェア、オプスウェアを一刻も早く発売したかった。そのためには当然バグや課題を大急ぎで解決しなければならないが、市場での競合から得られる知識やスキルは何物にも替えがたい価値があるはずだ。少なくとも私はそう思っていた。

しかし社内のエンジニアの多くからは、「ベンは気がふれた」と思われた。「ベンはこのプロダクトが実用にどれほど遠いかをこれっぽっちもわかっていない」そう思われていた。私は彼らがそう思っていることを知らなかった。ある時、いつものエンジニアとの会話で「何か変えたほうがいいことがあるかな？」と聞いた。すると彼がこう言ったのだ。「発売日ですね。オプスウェアを今すぐ発売すべきだと思っているのはあなただけですよ」そう言われてやっと彼らの考えがわかった。

それでも私はすぐ発売すべきだと信じていたが、自分が新たな問題を生み出していることに気がついた。プロダクトチームがCEOの私への信頼を失いかけていたのだ。私はすぐに全社ミーティングを開いて、準備不足でもプロダクトを売り出して臨機応変に市場の状況に合わせたほうが、ユーザーのニーズもわからないままプロダクトが完璧になるまで待つよりもいいと思った理由を細かく説明した。私の説明で全員が納得したわけではないが、発売を急ぐことの問題点に私が気づいていながらも、あえてそれをやろうとしていることは理解してもらえた。これが大きな違いをもたらした。

人ではなく課題に焦点を当てる

問題を見つけたら、根っこにある原因を解析し、何が問題を引き起こしているかを突き止めよう。たいていの場合、背景にはコミュニケーションや優先順位の付け方やその他の解決可能な問題がある。怠惰な社員や間抜けな社員が原因ではない。ひとりや2人の社員に責任をなすりつけるのではなく、根本原因を探り当ててそれに対応することで、風通しがよく保身のない文化、つまり悪い知らせを歓迎する文化が築かれる。

普段の仕事の中で悪い知らせを探す

ミーティングでも偶然でも、社内で誰かに会ったとき、悪い知らせがこちらに伝わるような質問をしてみるといい。たとえば「仕事をやり遂げるのに障害になっているものはあるだろうか？」とか、「もし君が私だったら、会社のどこを変えるか？」と聞いてもいい。何度か聞かないと答えてもらえないかもしれないが、あなたが促せば問題を打ち明けてくれるはずだ。あなたが熱心に悪い知らせを聞きたいという気持ちを示し、悪い知らせを知ったあとに真摯に支えてあげれば、社員はより心を開いて問題を打ち明けてくれるようになるだろう。

忠誠心

忠誠心はほとんどの企業文化に欠かせないものだが、定着させるのは難しい。動きの激しい現代の事業環境で、一生のあいだに平均11回から12回は転職するなか、企業は社員にどれだけ忠実になれるだろうか？　また社員はどれだけ企業に忠実になるべきなのか？　お互いにどんな見返りがあるのか？

忠誠心は、相手が自分に忠誠心を持っている、つまり同僚や会社が自分の味方になってくれると思うからこそ生まれるものだ。忠誠心の促し方は、CEOによって違う。ストライプのCEO、パトリック・コリソンは忠誠心をこんなふうに考えている。

うちでは当然、終身雇用は約束できない。ただ、15年後に振り返ったときに人生で一番意義のある仕事がここでできたと思える職場にしたい。そのかわりに、僕は2つのことを社員に期待する。まず倫理的な誠実さだ。次に、自分より会社のために一番いいことを行うということだ。この2つの期待に応えてくれたら、わが社はその社員に感謝し、尊敬し、忠誠を尽くす。

言い換えると、そんな社員のキャリアを彼はずっと支え続けるという意味だ。

データブリックスのCEO、アリ・ゴッシは幹部社員により具体的な約束をしている。「社員に不意打ちはしないと約束しています。仕事がうまくいかなかったとしても、私がまっ先にそのことを伝えますし、きちんと別の職場に転職できるだけの時間を用意します。そのかわり、社員はなにかいやなことがあったら、早めに私に知らせてくれなければなりません」

忠誠心は結局、人間関係の質に左右される。社員は会社を辞めるのではなく、上司から離れるのだ。上司と部下の間になんの人間関係もないか、関係が悪ければ、企業文化がどうであれ忠誠心は望めない。ゴッシのようにお互いへの約束をはっきり伝えることで関係は強化できる。ゴッシは幹部との人間関係を築いた上で、口頭で約束して誠意を示した。もし口約束だけで、それを支える人間関係を築く努力を怠っていれば、うまくいかない。

組織のリーダーは直属の部下をはるかに超えて、社内の人たちと意義ある関係を築くことができる。あなたが出会う人たちに純粋な興味を持ち、約束を守り、みんなが支えたいと思う人物になれば、最も動きの激しい業界においても深い絆と忠誠心を築くことができるだろう。

文化のチェックリスト

この章ではほとんどの文化に含まれる規範を見てきた。ここで、あなたも独自の文化をつくる準備が整ったことだろう。次に、心に留めておきたいチェックリストを挙げておく。

■**文化のデザイン**　企業文化はあなたの性格と戦略に確実に合ったものでなければならない。文化が盾にされるケースをあらかじめ想定し、あいまいなところがないように定義づけるべきだ。

■**文化の刷り込み**　企業への入社初日は、シャカ・サンゴールの刑務所での初日ほど衝撃的でないかもしれないが、その印象は長く頭に残る。職場でのほかのどの日よりも入社初日に、その会社で成功するには何が必要かを学ぶ。間違った第一印象を植えつけてはならない。また偶然に任せて印象を刷り込んではならない。

■**ショッキングなルール**　「なぜこんなルールがあるんですか」と聞かれるような意外なルールは、文化の要素を強化する。組織にショックを与えて文化を守らせるにはどうしたいいかを考えよう。

■**外部のリーダーシップを取り込む**　自分たちに必要な文化が、既存の文化とあまりにかけ離れている場合には、外の助けを借りる必要がある。馴染みのない文化を自力で目指すより、理想の文化を熟知した経験者を連れてきたほうがいい。

■**見せしめ**　あなたの行動は言葉よりはるかに意味がある。教訓を強く植えつけたいなら、見せしめを使うといい。孫武のように誰かを打ち首にする必要はないが、劇的なことをしなければならない。

■**倫理規範を明確にする**　リーダーがよくやる悲惨な間違いのひとつは、ほかの目的と矛盾しても「人々は正しいことをする」と思い込むことだ。倫理規範を暗黙のままにしてはならない。

■**文化規範にインパクトのある定義を与える**　普通とは違った、意外な定義で規範を目立たせよう。武士が「礼儀正しさ」を今と同じように定義していたら、文化になんのインパクトもなかっただろう。愛と尊敬を表すのに最高の手段として礼儀正しさを定義づけたからこそ、それがいまだに日本文化を形づくる要素であり続けているのだ。あなたの行動規範が本当に意味するところは何だろう?

■**言行一致**　「私の行動ではなく言葉を見習え」では通用しない。自分が実践しない文化規範を選んではいけない。

■**何が一番大切かを行動で示す**　ルーベルチュールにとって、復讐するなというだけでは十分ではなかった。奴隷所有者を許すという行動で示すことが必要だったのだ。

こうしたテクニックはあなたの望む文化をつくる助けにはなるだろう。だが、完璧な文化は絶対に手に入らないことは覚えておいてほしい。目標は、あなたの会社にできるかぎり合った文化をつくり、それを持続させることだ。社員に会社のカネを自分のカネと同じように扱ってほしければ、高級ホテルではなく安モーテルに泊まらせるほうが企業文化を知らしめることができる。だが、社員に自信を持たせて500万ドルの注文を取ってこさせようと思ったら、逆のほうがいいかもしれない。自分の欲しいものがわからなければ、それを手に入れることは絶対にできない。

文化は、あなたが何に一番価値を見出すかを知ることからはじまる。その価値観を反映する行動を組織の全員が実践できるように、リーダーは努力し続けなければならない。行動規範があやふやだったり、煩雑で邪魔にしかならないものなら、それを変えなければならない。文化に重要な要素が欠けていれば、それを付け加えなければならない。そしてなにより社員の行動に細心の注意を払い、自分の行動には一層注意しなければならない。あなたの行動は企業文化にどう影響しているか？　あなたは自分のなりたい人間になっているか？

それが、素晴らしい文化をつくるということだ。それが、リーダーになるということなのだ。

謝辞

愛する妻のフェリシアが、私の尻を叩き、励ましてくれなければ、この本は書き上げられなかった。2冊目の本など書く気のなかった私に、妻はどうしても書くべきだと言って譲らなかった。本の執筆についても、そのほかのたくさんのことについても、33年前に妻に出会えたおかげだといつも感謝している。彼女は私の心の支えであり、私の女神であり、私のすべてだ。

私が以前から考えていたテーマについて書きはじめたきっかけは、シャカ・サンゴールとの出会いだった。サンゴールが寛大にも彼の人生について打ち明けてくれたこと、そして文化の仕組みについて一から教えてくれたことに、一生感謝する。何年にもわたってスティーブ・スタウトと交わしてきた会話が、文化についての私の理解を格段に深めてくれた。人種と多様性についてのスタウトの知見が、チンギス・ハンの章を書くきっかけになった。

当初は、ヒップポップカルチャーとそれがこの時代の最も成功した音楽ジャンルをどう生み出したかについても入れたいと思っていた。だが、ヒップポップカルチャーの話を書きはじめてすぐに、このトピックだけで丸一冊が必要になると気がついた。しかし、調査の中で得たひらめきは、その後書き進めていくのに欠かせなかった。ファブ・ファイブ・フレディ、MCハマー、ナズ、ラルフ・マクダニエルズはとくに執筆の役に立ち、私の心の支えとなった。

全米最大のヘルスケア企業を経営するバーナード・タイソンは、超多忙な中で私のために多くの時間を割いてくれた。ドン・トンプソン、マギー・ウィルデロッター、スチュワート・バターフィールド、トッド・マッキノン、マーク・クラニー、パトリック・コリソン、アリエル・ケルマン、リア・エンドレーズとマイケル・オービッツが彼らの体験と知見を分け与えてくれたことにも、礼を言いたい。

チンギス・ハンについては、ジャック・ウェザーフォードとフランク・マクリンの作品から多くを学んだ。彼らの本のおかげで、私はチンギスの文化と軍事戦略の結びつきを理解できた。ヘンリー・ルイス・ゲイツ・ジュニアには原稿を読んでもらい、トゥーサン・ルーベルチュールの章をできるだけ正確なものにするために力を貸してもらった。フィリップ・ジラードはハイチ革命について見事な調査をしてくれた。彼の調査のおかげで、文化思想家としてのルーベルチュールがほかの思想家とどう違っていたかについて考えを整理できた。

多くの人に原稿を読んでもらい、鋭い指摘をいただいた。マーク・アンドリーセン、アマンダ・ヘッサー、デビッド・ホロウィッツ、エリッサ・ホロウィッツ、フェリシア・ホロウィッツ、ジュールズ・ホロウィッツ、ソフィア・ホロウィッツ、マイケル・オービッツ、クリス・シュローダー、シャカ・サンゴール、メリル・スタッブズ、ジム・スロウィエッキに感謝する。

編集者のホリス・ハインバウシの励ましにも感謝する。著作家としての私を信頼してもらえたことにとても元気づけられた。そしてハイチ革命について執筆をする自信を与えてくれ、常に支え続けてくれた私のエージェント、アマンダ・アーバンにも感謝する。

最後に、タッド・フレンドにもありがとうと一言伝えたい。彼の支え、根性、前向きな闘争心、そして献身的な協力がなければ本書は存在しなかった。本当にありがとう。

　また、次の通り、転載許可をいただいたみなさんにも大変感謝している。

"Stillmatic (The Intro)": Words and music by Nasir Jones, Bunny Hull, and Narada Michael Walden. Copyright © 2001 Universal Music- Z Songs, Sun Shining, Inc., WB Music Corp., Cotillion Music Inc., Gratitude Sky Music, and Walden Music, Inc. All Rights for Sun Shining, Inc. administered by Universal Music- Z Songs. All Rights on behalf of Itself Cotillion Music Inc., Gratitude Sky Music, and Walden Music Inc. administered by WB Music Corp. International copyright secured. All rights reserved. Contains elements of "Let Me Be Your Angel" by Bunny Hull and Narada Michael Walden. Reprinted by permission of Hal Leonard LLC and Alfred Music.

"Ready to Die": Words and music by The Notorious B.I.G., Osten Harvey, Sean "P. Diddy" Combs, Barbara Mason, Ralph Middlebrooks, Walter Junie Morrison, Marshall Eugene Jones, Clarence Satchell, and Leroy Bonner. Copyright © 1994 EMI April Music Inc., Justin Combs Publishing Company, Inc., Big Poppa Music, Embassy Music Corporation, Bridgeport Music Inc., and Southfield Music Inc. All rights on behalf of EMI April Music Inc., Justin Combs Publishing Company, Inc., and Big Poppa Music administered by Sony/ATV Music Publishing LLC, 424 Church Street, Suite 1200, Nashville, TN 37219. International copyright secured. All rights reserved. Contains elements of "Yes, I'm Ready" by Barbara Mason. Reprinted by permission of Hal Leonard LLC, Bridgeport Music Inc., and South- field Music Inc.

"Try Me": Words and music by DeJa Monet Trimble and David De- mal Smith Jr. Copyright © 2014 BMG Gold Songs, Lil Loaf Publishing, and DDS 825 Publishing and Copyright Control. All Rights for BMG Gold Songs and Lil Loaf Publishing administered by BMG Rights Management (US) LLC. All rights for DDS 825 Publishing administered by Warner- Tamerlane Publishing Corp. All rights reserved. Used by permission. Reprinted by permission of Hal Leonard LLC and Alfred Music.

"Slippery": Words and music by Joshua Parker, Quavious Keyate Marshall, Kirsnick Khari Ball, Kiari Kendrell Cephus, Radric Delantic Davis, and Grant Andrew Decouto. Copyright © 2017 These Are Songs of Pulse, OG Parker Productions, SFQC Music, Universal Music Corp., Quality Control QC Pro, Huncho YRN Music, Reservoir Media Music, JPL QC Music, YRN Piped Up Ent., MKN QC Music, Silent Assassin YRN, Warner- Tamerlane Publishing Corp., Grant Decouto Publishing Designee, WB Music Corp. and Radric Davis Publishing LLC. All Rights for OG Parker Productions and SFQC Music administered by These Are Songs of Pulse. All Rights for Quality Control QC Pro and Huncho YRN Music administered by Universal Music Corp. All Rights for Reservoir Media Music, JPL QC Music, YRN Piped Up Ent., MKN QC Music, and Silent Assassin YRN administered by Reservoir Media Management, Inc. All

Rights for Grant Decouto Publishing Designee administered by Warner- Tamerlane Publishing Corp. All Rights for Radric Davis Publishing LLC administered by WB Music Corp. All rights reserved. Used by permission. Reprinted by permission of Hal Leonard LLC and Alfred Music.

“Prophets of Rage”: Words and music by Carlton Ridenhour, Hank Shocklee, and Eric Sadler. Copyright © 2008 BMG Platinum Songs, Songs of Reach Music, Terrordome Music, Shocklee Music, Your Mother’s Music, and Songs of Universal, Inc. All Rights for BMG Platinum Songs, Songs of Reach Music, Terrordome Music, and Shocklee Music administered by BMG Rights Management (US) LLC. All rights reserved. Used by permission. Reprinted by permission of Hal Leonard LLC.

“Who Shot Ya”: Words and music by Christopher Wallace, Sean Combs, Allie Wrubel, Herb Magidson, and Nashiem Myrick. Copyright ©1994 EMI April Music Inc., Big Poppa Music, Justin Combs Publishing Company, Inc., Music Sales Corporation © 2002 Bernhardt Music and Top of New York, Nashmack Publishing. All Rights on behalf of Bernhardt Music administered by WB Music Corp. Nashmack Publishing administered by the Administration MP, Inc., EMI April Music Inc., Big Poppa Music, and Justin Combs Publishing Company, Inc. administered by Sony/ATV Music Publishing LLC, 424 Church Street, Suite 1200, Nashville, TN 37219. International copyright secured. All rights reserved. Reprinted by

permission of Hal Leonard LLC, Alfred Music, and the Adminis- tration MP, Inc.

"Honest": Words and music by Nayvadius Wilburn, Leland Wayne, and Gary Hill. Copyright © 2013 IRVING MUSIC, INC., NAYVADIUS MAXIMUS MUSIC, PLUTO MARS MUSIC, and SNRS Productions, WB Music Corp. and Irving Music Inc. All Rights for NAYVADIUS MAXIMUS MUSIC and PLUTO MARS MUSIC administered by IRVING MUSIC. All Rights on behalf of Itself and SNRS Productions administered by WB Music Corp. All rights reserved. Used by permission. Reprinted by permission of Hal Leonard LLC and Alfred Music.

"Wanna Be Cool": Words and music by Sean Anderson, Jeremy Felton, Nathan Fox, Jeff Gitelman, Chancelor Bennett, Nico Segal, Kyle Harvey, Cameron Osteen, Peter Wilkins, and Carter Lang. Copyright © 2015. All rights for CHANCE THE RAPPER administered by CHANCE THE RAPPER LLC UNIVERSAL MUSIC CORP., MY LAST PUBLISHING, OHAJI PUBLISHING, SEVEN PEAKS MUSIC on behalf of Itself, ALL DAY RECESS and THE REAL BRAIN PUBLISHING, SPIRIT ONE MUSIC, JEFF GITTY MUSIC, SONGS OF GLOBAL ENTERTAINMENT, INDIE POP MUSIC administered by KOBALT SONGS MUSIC PUBLISHING, NICO SEGAL administered by PAINTED DESERT MUSIC CORP, CAMERON OSTEEN Publishing Designee on behalf of Itself © 2019 ZUMA TUNA, LLC, WARNER-TAMERLANE PUBLISHING CORP and CARTER LANG PUBLISHING DESIGNEE. All Rights for MY LAST PUBLISHING and OHAJI PUBLISHING administered by UNIVERSAL MUSIC CORP. All Rights for ALL DAY RECESS and THE REAL BRAIN PUBLISHING

administered by SEVEN PEAKS MUSIC. All Rights for JEFF GITTY MUSIC and SONGS OF GLOBAL ENTERTAINMENT administered by SPIRIT ONE. All Rights on behalf of Itself and ZUMA TUNA and CARTER LANG PUBLISHING DESIGNEE administered by WARNER-TAMERLANE PUBLISHING CORP. International copyright secured. All rights reserved. Reprinted by permission of Hal Leonard LLC, Alfred Music, and co- publisher(s).
“Gorgeous”: Words and music by Malik Jones, Gene Clark, Jim Mcguinn, Kanye West, Ernest Wilson, Mike Dean, Scott Mescudi, and Corey Woods. Copyright © 2010 UNIVERSAL MUSIC CORP., JABRIEL IZ MYNE, TICKSON MUSIC CO., SIXTEEN STARS MU- SIC, EMI BLACKWOOD MUSIC, INC., PLEASE GIMME MY PUBLISHING, INC., CHRYSALIS MUSIC, LET THE STORY BEGIN PUBLISHING, GENE CLARK MUSIC, RESERVOIR 416, ELSIE’S BABY BOY and PRINCE JAIBARI PUBLISHING, PAPA GEORGE MUSIC, WARNER-TAMERLANE PUBLISHING CORP. All Rights for JABRIEL IZ MYNE controlled and administered by UNIVERSAL MUSIC CORP. All rights for SIXTEEN STARS MUSIC controlled and administered by HORIPRO ENTERTAINMENT GROUP, INC. All rights for EMI BLACKWOOD MUSIC INC. and PLEASE GIMME MY PUBLISHING INC. controlled and administered by SONY/ATV MUSIC PUBLISHING LLC, 424 Church Street, Suite 1200, Nashville, TN 37219. All rights for LET THE STORY BEGIN PUBLISHING controlled and administered by CHRYSALIS MUSIC GROUP INC., A BMG CHRYSALIS COMPANY. All

rights for GENE CLARK MUSIC controlled and administered by BUG MUSIC, INC., A BMG CHRYSALIS COMPANY. All rights for RESERVOIR 416 in the United States and Canada administered by RESERVOIR MEDIA MANAGEMENT, INC. All Rights for ELSIE'S BABY BOY administered by KOBALT SONGS MUSIC PUBLISHING. All rights reserved. Used by permission. Reprinted by permission of Hal Leonard LLC, Alfred Music, and Kobalt Songs Music Publishing.

"Started from the Bottom": Words and music by Aubrey Graham, William Coleman, and Noah Shebib. Copyright © 2013 Live Write LLC, EMI Blackwood Music Inc., EMI April Music Inc., and Roncesvalles Music Publishing. All Rights for Roncesvalles Music Publishing administered by Kobalt Songs Music Publishing. All Rights for Live Write LLC, EMI Blackwood Music Inc. and EMI April Music Inc. administered by Sony/ATV Music. Publishing LLC, 424 Church Street, Suite 1200, Nashville, TN 37219. International copyright secured. All rights reserved. Reprinted by permission of Hal Leonard LLC and Kobalt Songs Music Publishing.

Music Clearance Services by Anna Keister of Forza Rights MGMT, LLC.

訳者あとがき

本書の著者、ベン・ホロウィッツが共同創業したアンドリーセン・ホロウィッツは、テクノロジー業界では知らぬ者はいないほど有名なベンチャーキャピタル（VC）です。投資先にはフェイスブック、ツイッター、インスタグラム、スカイプ、スラック、ボックス、ギットハブ、ストライプ、オキュラスVR、ピンタレスト、ジンガ、リフト、フォースクエア、エアビーアンドビーなどそうそうたる企業があり、スマホやアプリを日常的に使いこなしている人間なら、彼らの関わっていないサービスに触れないことのほうが難しいでしょう。

アンドリーセン・ホロウィッツは、実はシリコンバレーのベンチャーキャピタルとしては新人です。アップル、グーグル、ヤフーなどの初期に投資したセコイア・キャピタルが1972年設立であるのに対して、アンドリーセン・ホロウィッツは2009年設立。もっとも、起業家上がりのスーパーエンジェル投資家であった2人がつくったこのVCは、あっという間に伝説的なVCのポジションを築きました。

彼らが成功した理由は、ベンチャー投資業界に新しい文化を築いたことにあります。以前のVCのやり方は、スタートアップが成長期に入るとCEOを創業者からプロ経営者へとすげ替えるものでした。若さと情熱が取り柄の創業者よりも、俯瞰的な視点をもった経験豊富なプロ経営者に経営を任せて成長させるというやり方です。スティーブ・ジョブズが創業したアップルを一度追い出されたことは、まさにこの文化を代表する事例です。

ところが、起業家出身のベン・ホロウィッツは、前著『HARD THINGS』や本書『WHO YOU ARE』で書いている通り、地獄の苦しみをくぐり抜けた創業者兼CEOの立場を身をもって体験しています。創業者特有のやり抜く力と可能性をひたすら信じ、「起業家に敬意を払い、起業家自身が成長できるようにサポートし、関係を築き、創業者が良いCEOとなってそのまま会社を成長できるようにする」というスタイルで投資を続けます。それまでとは、完全な逆張りです。その結果、設立わずか2年で世界最大級のベンチャーキャピタルファンドへと上り詰めました。前述の投資先企業に創業者兼CEOが多くいることもうなずけるでしょう。

立派な企業理念とトップの行動との乖離が失敗を招く

ベン・ホロウィッツが大ヒット作となった『HARD THINGS』で十分に取り上げなかったこと、それが企業文化についてです。ラウドクラウドを起業したとき、いろいろな経営者から「企業文化が大事だ」としょっちゅう言われ、「じゃあ企業文化とは具体的に何なのか？」と聞き返すと誰も満足に答えられなかったという経験から、企業文化とは何か、どうしたら理想の企業文化をデザインし、社員のみんなに実践してもらえるのかについて、がっつりと取り組んだのが、本書『WHO　YOU　ARE』です。

ホロウィッツは、「企業にとって利益は空気」つまり生きるために必要なものではあっても、それ自体が目的ではないと言っています。「企業にはミッションがあり、そのミッションを達成するには社員がそれを信じていなければならない」と言うのです。そのミッションを社員、経営陣、取締役、ユーザーといったステークホルダーに共有できてはじめて、企業の目的が達成できるのだと書いています。

多くの企業では、このミッションを「企業理念」として掲げますが、それが絵に描いた餅にならないようにするには、トップみずからが理念に合った行動を取らなければならない。むしろ、トップの行い自体がその企業の理念として定着するのだと彼は言うのです。

資本市場の歴史を振り返ると、一時期は市場の寵児となりながら、企業文化を築くことに失敗して消え去っていった企業は枚挙にいとまがありません。リーマン・ブラザーズ、エンロン、ドットコムバブルの崩壊で泡と消えた数多くのスタートアップ。そして最近ではこの本でも触れたウーバーのスキャンダルやＷｅＷｏｒｋの凋落は記憶に新しいところです。日本でも、東芝が粉飾決算で上場廃止寸前まで追い込まれ、日産の株価は２０２０年2月時点で10年ぶりの安値を更新中です。それらの企業のトップはみな「悪いことをしろ」と部下に言っていたわけではないでしょう。立派な企業理念とトップの行動に乖離がありすぎると何が起きるかは、歴史を振り返れば明らかです。

では、どのようにトップは自分を律するか。ホロウィッツはそのヒントもこの本の中で挙げてくれています。いわく、企業の行動規範は、トップのありのままの人柄を反映するものでなければならない（そうでなければ言行一致できない）。ホロウィッツ自身はこのほかに、自分と正反対の性格の人を周りに置くなどいくつかのテクニックを使っています。

私（関）は大学の教員として、また上場企業の社外取締役として、親として、掛け声と正反対のことをしている自分に気づくことはしょっちゅうです。完璧な人間などいないので、それは仕方のないことだとホロウィッツも言っています。ですが、「何を言うか」ではなく「何をするか」がその人物または組織の本質であることを意識すれば、完璧にはなれなくても、向上はできるのではないかと思っています。この本が、これから組織文化をつくっていかれる起業家のみなさん、企業の中でリーダーとなるみなさん、子育てに励むみなさん、そのほかの多くの方の参考になれば幸いです。

100年続けるにはものまねではない文化が必要

私（浅枝）は学生起業からはじまり、ITベンチャー（今ではテック・スタートアップと呼びます）のCEOを10年以上続けてきました。シリコンバレー界隈の情報を貪るように仕入れ、「ベン」と聞くだけで「ホロウィッツ」と答えられるくらいの私が、本書の共訳のオファーをいただいたときは驚き、大変興奮しました。

私が初めて起業しようと考えた2005年は、会社法が改正され1円起業なるものができるようになった年でした。当時に比べると、起業のノウハウや意思決定について書かれた本が増えました。しかし、ホロウィッツの『WHO YOU ARE』は、世界でも数少ない「本気で100年続く会社を初めての起業から目指せるようになる」本です。会社を成功させるには、素晴らしいプロダクトが必要です。しかし、会社を続けるにはそれだけでは難しい。この本は、創業した会社を何十年も自身で続ける覚悟をするために創業者兼CEOがしなければならない文化の築き方、そして会社に浸透させる方法をわかりやすく説明しています。しかも、どこかの会社やCEOのものまねではなく、自分自身の本質に向き合い、つくり上げるところまで考えきれるようにしてくれています。

私自身はいくつもの事業を失敗し、誤解を恐れずにいうならば「成功した起業家」にはなっていませんが、本書を訳すことで100年企業の起業家としての心得を染み込ませることができました。

著者のベン・ホロウィッツは、パターン認識の天才です。『HARD THINGS』では、さまざまな経営難をパターン化し、対処法を解説しました。今回の『WHO YOU ARE』では、企業文化を築くうえで重要なミッション・バリューの本質は何なのか、さらに多様性のある社会において浸透させるにはどうすればいいのか、場所や年代もまったく異なる歴史上の人物や出来事をパターン分けして紹介しています。ビスマルクの「愚者は経験に学び、賢者は歴史に学ぶ」なる名言がありますが、『HARD THINGS』が経験に学ぶ本であるのに対し、『WHO　YOU　ARE』は歴史に学ぶ本と言えるでしょう。

この本でホロウィッツは、日本の古典『武士道』『葉隠』『五輪書』も取り上げています。武士の生き方は日本人が意識していないくらい我々の文化に浸透しています。この思考法と行動規範をホロウィッツは丁寧に分解し、パターン化し、日本人のみならず、世界中の誰もが行動に取り入られるように解説しています。本書を読み、日本の文化そのものに興味を持ってもらえたならば、ぜひ武士道の原書なども読んでいただければと思います。

最後に、この本ではこれまでにない体制で、浅枝大志、関美和が共同で訳しました。原稿チェックを手伝ってくれた起業家仲間の赤川隼一さんと宇佐美俊さん、ラップの歌詞翻訳の相談にのってくれた浅枝の親友のクリス・パットナムさん、そして度重なるご迷惑をおかけする中、最後まで信じていただいた日経BPの中川ヒロミさんに改めてお礼を申し上げます。

２０２０年３月　浅枝大志、関美和

『五輪書』（宮本 武蔵著、岩波書店）

チンギス・ハンに関する書籍は大量にあり、さまざまな視点がある。すべての本を読んだわけではないが、以下の書籍にはとくに感銘を受けた。
『パックス・モンゴリカ―チンギス・ハンがつくった新世界』（ジャック・ウェザーフォード著、日本放送出版協会）
『Genghis: Birth of an Empire』（Conn Iggulden 著）
『Genghis Khan: His Conquests, His Empire, His Legacy』（Frank McLynn 著）

ロバート・ノイスとシリコンバレーにおける彼の重要性についての私の考えは、1983年12月号のエスクァイア誌に掲載されたトム・ウルフの記事「ロバート・ノイスの経営イノベーション」とレスリー・バーリンの書籍「The Man Behind the Microchip: Robert Noyce and the Invention of Silicon Valley.」に負うところが多い。

そのほか本書では、シャカ・サンゴール、リード・ヘイスティングス、ビル・キャンベル、トッド・マッキノン、リア・エンドレーズ、ラルフ・マクダニエルズ、マーク・クラニー、ナシル・ジョーンズ、パトリック・コリソン、マイケル・オービッツ、ラリー・ペイジ、スチュワート・バターフィールド、アリエル・ケルマン、マギー・ウィルデロッター、ドン・トンプソン、アリ・ゴッシ、スティーブ・スタウト、ダイアン・グリーンらとの会話から数多く引用している。

参考文献

トゥーサン・ルーベルチュールについての議論は、下記の書籍を参考にしている。

『ブラック・ジャコバン―トゥサン＝ルヴェルチュールとハイチ革命』（C.L.R. ジェームズ著、大村書店）

『Toussaint Louverture: The Story of the Only Successful Slave Revolt in History; A Play in Three Acts』（C.L.R.James 著）

『This Gilded African: Toussaint L'Ouverture』（Wanda Parkinson 著）

『The Memoir of General Toussaint Louverture』（Philippe Girard 著）

『Toussaint Louverture: A Revolutionary Life』（Philippe Girard 著）

『The Slaves Who Defeated Napoleon: Toussaint Louverture and the Haitian War of Independence, 1801–1804』（Philippe Girard 著）

『Toussaint Louverture: A Black Jacobin in the Age of Revolutions』（Charles Forsdick、Christian Høgsbjerg 著）

『Bury the Chains: Prophets and Rebels in the Fight to Free an Empire's Slaves』（Adam Hochschild 著）

『Tracing War in British Enlightenment and Romantic Culture』（Gillian Ramsey、Neil Russell 著）

侍についての私の考えのもとになったのは以下の書籍である。

『武士道』（新渡戸稲造著、岩波書店）

『葉隠』（山本常朝、田代陣基著、岩波書店）

『武道初心集』（大道寺重祐著、実業之日本社）

『Training the Samurai Mind: A Bushido Sourcebook』（Thomas Cleary 著）

■著者

ベン・ホロウィッツ（Ben Horowitz）

次世代のテクノロジー企業のリーダーとなる起業家に投資するベンチャーキャピタル、アンドリーセン・ホロウィッツ（a16z）の共同創業者兼ゼネラル・パートナー。ニューヨーク・タイムズのベストセラー『HARD THINGS』（日経 BP）の著者でもある。アンドリーセン・ホロウィッツを立ち上げる前はオプスウェア（旧ラウドクラウド）の CEO 兼共同創業者を務めた。ラウドクラウドは 2007 年にヒューレット・パッカードから 16 億ドルで買収されている。カリフォルニア大学ロサンゼルス校（UCLA）でコンピューターサイエンスの修士号を取得。またコロンビア大学でコンピューターサイエンスの学士号を取得している。妻と 3 人の子供と共にサンフランシスコ・ベイエリアで暮らしている。

■日本語版序文の執筆者

辻庸介（つじ・ようすけ）

マネーフォワード 代表取締役社長 CEO。2001 年に京都大学農学部卒業、2011 年にペンシルバニア大学ウォートン校 MBA 修了。ソニー株式会社、マネックス証券株式会社を経て、2012 年に株式会社マネーフォワード設立。新経済連盟 幹事、シリコンバレー・ジャパン・プラットフォーム エグゼクティブ・コミッティー、経済同友会 第 1 期ノミネートメンバー。

■訳者

浅枝大志（あさえだ・ひろし）

起業家。青山学院大学経営学部卒業。デジタルハリウッド大学院デジタルコンテンツマネジメント修士。2012 年米国デラウェア州に音楽スタートアップ Beatrobo Inc. を設立、CEO に就任。事業売却後、AI スタートアップ・スタジオ All Turtles のプロダクトマネージャーを経て、2020 年より株式会社ミラティブのシニア・プロデューサーとして参画。事業の傍ら、著名シリコンバレーの起業家の取材通訳・講演同時通訳を務める。米国育ちのバイリンガル。著書に『ウェブ仮想社会「セカンドライフ」：ネットビジネスの新大陸』（アスキー）など。

関 美和（せき・みわ）

翻訳家。杏林大学外国語学部准教授。慶応義塾大学文学部・法学部卒業。電通、スミス・バーニー勤務の後、ハーバード・ビジネス・スクールで MBA 取得。モルガン・スタンレー投資銀行を経てクレイ・フィンレイ投資顧問東京支店長を務める。主な翻訳書に、『FACTFULNESS』『TED TALKS』『Airbnb Story』（日経 BP）、『父が娘に語る美しく、深く、壮大で、とんでもなくわかりやすい経済の話。』（ダイヤモンド社）、『MAKERS』『ゼロ・トゥ・ワン』（NHK 出版）などがある。また、アジア女子大学（バングラデシュ）支援財団の理事も務めている。

WHO《フー》 YOU《ユー》 ARE《アー》

君の真の言葉と行動こそが困難を生き抜くチームをつくる

2020年 4 月20日　　第1版第1刷発行

著　者　　ベン・ホロウィッツ
序　文　　ヘンリー・ルイス・ゲイツ・ジュニア
日本語版序文　辻 庸介
訳　者　　浅枝 大志、関 美和
発行者　　村上 広樹
発　行　　日経BP
発　売　　日経BPマーケティング
〒105-8308　東京都港区虎ノ門4-3-12
URL　https://www.nikkeibp.co.jp/books/
装　幀　　小口翔平＋岩永香穂（tobufune）
編　集　　中川 ヒロミ
制　作　　中央精版印刷株式会社

本書の無断複写・複製（コピー等）は、著作権法上の例外を除き、禁じられています。購入者以外の第三者による電子データ化及び電子書籍化は、私的使用を含め一切認められておりません。

本書籍に関するお問い合わせ、ご連絡は下記にて承ります。
https://nkbp.jp/booksQA

ISBN978-4-8222-8881-5　Printed in Japan 2020